AF552557

सिक्ख गुरुओं का पुण्य स्मरण

सिक्ख गुरुओं का पुण्य स्मरण

हजारीप्रसाद द्विवेदी

राजकमल प्रकाशन

ISBN : 978-81-267-1410-0

मूल्य : ₹395

पहला संस्करण : 1979
तीसरा संस्करण : 2021
This book is printed on **Print on Demand** Technology : 2026

प्रकाशक : राजकमल प्रकाशन प्रा.लि.
1-बी, नेताजी सुभाष मार्ग, दरियागंज
नई दिल्ली-110 002

शाखाएँ : अशोक राजपथ, साइंस कॉलेज के सामने, पटना-800 006
पहली मंजिल, दरबारी बिल्डिंग, महात्मा गांधी मार्ग, प्रयागराज-211 001
1, अनमोल सोराबजी संतुक लेन, धोबी तलाव, मरीन लाइंस, मुम्बई-400 002
वेबसाइट : www.rajkamalprakashan.com
ई-मेल : info@rajkamalprakashan.com

SIKKH GURUON KA PUNYA SMARAN
by Hazariprasad Dwivedi

भूमिका

पूज्य पिताश्री आचार्य हजारीप्रसाद द्विवेदी की यह नवीन कृति आदरणीया श्रीमती शीला सन्धू के निरन्तर आग्रह का परिणाम है। पिछले कई वर्षों से श्रीमती सन्धू की यह हार्दिक इच्छा थी कि सिक्ख गुरुओं के साहित्यिक पक्ष को लेकर पिताजी कोई रचना उन्हें दें। वैसे तो यह पुस्तक गत वर्ष सितम्बर-अक्तूबर में ही पूरी हो गई थी, पर कई कारणों से उसे प्रेस में नहीं दिया जा सका था। दिसम्बर में श्रीमती सन्धू को इसकी पांडुलिपि टाइप कराने के लिए भेजते हुए पिताजी ने यह पत्र श्रीमती सन्धू को लिखा था :

प्रिय शीला बहन,

'सिक्ख गुरुओं का पुण्य स्मरण' भेज रहा हूँ। इसे कृपा करके टाइप करा दें—कम-से-कम दो प्रति। तीन प्रति हों तो और अच्छा। कुछ लेखों की एक ही प्रति रह गई है और इतनी पुरानी हो गई है कि हाथ लगते ही फटती है। मैंने समय-समय पर लिखे हुए लेखों को यथासम्भव एक रूप देने की कोशिश की है। कुछ जोड़ा-घटाया भी है। पर यह किसी जानकार से दिखाने के लिए देने योग्य नहीं है। टाइप हो जाने पर किसी मित्र से दिखा लेना चाहता हूँ। मूल प्रति भी सुरक्षित रखें। उनसे पाठों को मिलाना पड़ेगा। आप स्वयं भी देखें। आपको कुछ विचित्र लगेगा कि मैं दस वर्षों के व्यवधान में ही गुरुमुखी लिपि प्रायः भूल गया था। फिर से मिहनत की है।

अब ठीक हो गया है। पर डर है कि कहीं कुछ अशुद्ध न हो जाए। मुझे ज्ञान कम है। श्रद्धा ही एकमात्र सम्बल है। सो, थोड़ा सावधान रहना आवश्यक हो गया है। इसीलिए टाइप कराने की और फिर से अच्छी तरह मिला लेने की इच्छा है। कष्ट के लिए क्षमा।

विघ्न बहुत आ रहे हैं। जरा जल्दी करा दें।

—हजारीप्रसाद द्विवेदी

पुनश्च—

छपने के समय दिल्ली में ही रहना चाहता हूँ पर पहले टाइप हो जाए।

—हजारीप्रसाद

अप्रैल में वे दूसरी बार अस्पताल में दाखिल हुए। 13 अप्रैल को जब मैं वाराणसी पहुँचा तो वे पूरी चेतना में थे। कई बार अत्यन्त भावुक होकर रोने लगते थे। मैंने इस पुस्तक की पांडुलिपि की बात की कि क्या इसे प्रकाशनार्थ शीलाजी को दे दूँ। थोड़ी देर चुप रहने के बाद बोले—"अभी मैं टाइप की हुई पांडुलिपि देख नहीं सका। अशुद्धियाँ नहीं होनी चाहिए। गुरुग्रन्थ साहिब से पाठ का मिलान करना होगा। यह काम तुम कर लेना या विश्वनाथ (डॉ. विश्वनाथ त्रिपाठी) को दे देना। देखो, मैं इसे प्रकाशित देख भी पाऊँगा या नहीं।"

27 अप्रैल को दिल्ली पहुँचते ही मैंने पांडुलिपि श्रीमती शीला सन्धू को दी और उनसे पिताजी से हुई बातचीत का हवाला देते हुए अनुरोध किया कि कृपया शीघ्र ही इसे प्रकाशित करने का प्रबन्ध कर दें। श्रीमती सन्धू ने पांडुलिपि को माथे से लगाया और कहा, "मुकुन्द, पता नहीं कितने दिनों से इसे प्रकाशित करने की लालसा थी। आज पूरी हुई। इसे मैं जल्दी-से-जल्दी प्रकाशित करूँगी। पंडितजी शतायु होंगे—बीमारी से उनके मन में निराशा आ गई है। सब ठीक हो जाएगा।"

श्रीमती सन्धू ने पांडुलिपि प्रेस में देकर तत्काल पूरी पुस्तक कम्पोज करा दी, और हमलोग यह प्रतीक्षा करते रहे कि पिताजी चेतना में आएँ, और कुछ स्वस्थ अनुभव करें, तो प्रूफों को वे एक बार देख लें। लेकिन कौन जानता था कि ज्योतिष के आचार्य ने शायद अपने अन्तिम समय को पहचान लिया था ! मृत्यु का विकार नहीं पर ब्रेन ट्यूमर का असहनीय

कष्ट तो था ही। चुपचाप मृत्यु को स्वीकार कर पूज्य पिताजी ब्रह्मलीन हो गए।

पुस्तक प्रकाशित हो रही है। गुरुग्रन्थ साहिब से पाठों का मिलान करने में डॉ. हरभजन सिंह और डॉ. महीपसिंह ने अपना बहुमूल्य सहयोग हमें दिया, जिसके लिए हम उनके प्रति अपना आभार व्यक्त करते हैं। फिर भी पुस्तक में यदि कहीं अशुद्धियाँ रह गई हैं, तो उनकी सारी जिम्मेवारी मुझ पर ही है।

–मुकुन्द द्विवेदी

अनुक्रम

गुरु नानकदेव : व्यक्तित्व

आज से 500 वर्ष पहले गुरु नानकदेव का आविर्भाव हुआ था। भारतवर्ष के अधिकतर महापुरुषों के समान गुरु नानक का जीवन-चरित भी चामत्कारिक कथाओं से ढँका हुआ है। उनकी 'जनम-साखियाँ' तो बहुत मिलती हैं, परन्तु सबमें श्रद्धातिरेक के कारण चामत्कारिक कथाओं से ऐतिहासिक तथ्य ढँक गए हैं। ई. ट्रम्प ने, जिन्होंने तत्कालीन भारत सरकार के अनुरोध पर गुरुग्रन्थ साहिब का अंग्रेजी अनुवाद किया था, एक ऐसी जनम-साखी का उल्लेख किया है जो 16वीं शताब्दी के अन्त में या सत्रहवीं शताब्दी के आरम्भ में लिखी गई थी। यह उसी लिपि में है जिसमें गुरुग्रन्थ साहिब की सबसे पुरानी प्रति लिखी गई है और इस पर पाँचवें गुरु (गुरु अर्जुनदेव) के हस्ताक्षर भी हैं। ट्रम्प का कहना है कि यह जनम-साखी परवर्ती जनम-साखियों की तुलना में चामत्कारिक और करामाती कथाओं से बहुत-कुछ मुक्त है। सिक्ख धर्म के प्रसिद्ध विद्वान् एम.ए. मेकालिफ ने एक और पुरानी जनम-साखी की चर्चा की है जो पुष्पिका के अनुसार 1588 ई. में लिखी गई थी, अर्थात् गुरु नानक की तिरोभाव-तिथि से सिर्फ 50 वर्ष बाद की है। इसमें भी चामत्कारिक घटनाएँ हैं। जनम-साखियों का इन दिनों और भी अध्ययन हो रहा है। कई भारतीय विश्वविद्यालयों के शोधार्थी इस कार्य में लगे हैं। हो सकता है कि नए ऐतिहासिक तथ्यों का प्रामाणिक या अधिक-से-अधिक प्रामाणिक विवरण उपलब्ध हो। इन पुराने विवरणों में कुछ-न-कुछ ऐतिहासिक तथ्य अवश्य हैं। उनके आधार

पर गुरु नानकदेव के जीवन के सम्बन्ध में कुछ जानकारी मिल जाती है। पर वस्तुतः गुरुजी के विचारों का सच्चा निदर्शक गुरुग्रन्थ साहिब नामक महान् ग्रन्थ ही है। इस महान् ग्रन्थ के पहले 'महले' में गुरु नानकदेव की वाणियाँ संगृहीत हैं। इसमें निम्नांकित रचनाएँ है–

1. जपु
2. पट्टी (आसा राग में)
3. ओअंकार (रामकली राग में)
4. सिद्ध गोष्ठि (रामकली राग में)
5. बारह माह (तुखारी राग में) और
6. तीन वारा (माझ, आसा और मलार राग में)

इसमें गुरुजी के प्रामाणिक उपदेश ही नहीं है, उनका शान्त-शोभन, उदात्त और मोहन रूप भी उपलब्ध होता है।

कोई आश्चर्य नहीं कि इस महान् ग्रन्थ को गुरु का प्रतिरूप ही मान लिया गया है। वस्तुतः गुरु का जैसा महिमामय व्यक्तित्व और उनका चिन्मय रूप इस ग्रन्थ में अत्यन्त स्पष्ट होकर प्रकट हुआ है, वैसा अन्यत्र दुर्लभ है। इस महान् ग्रन्थ का पहला महला आदिगुरु नानकदेव की वाणियों का संकलन है। आधुनिक ढंग से विवेचना करनेवाले विद्वान् इसमें ऐसे सन्देहात्मक पदों को ढूँढ लेते हैं जो किसी प्रकार गुरु की रचना नहीं हो सकते। परन्तु उन्हें ऐसी बात कहने का साहस भी सिर्फ इसलिए होता है कि इस महला से गुरुजी का शान्त-मनोरम व्यक्तित्व बहुत उजागर होकर प्रकट हुआ है। उदाहरण के लिए किसी कल या कल्य कवि की छापवाले उन तथाकथित सवैयों को लिया जा सकता है जिनमें गुरु नानक को परम भक्तिभाव से भगवान विष्णु का अवतार कहा गया है। एक पद इस प्रकार है–

कवि कल्य सुजसु गावै गुरु नानक राजु जोगु जिनि माणिओ।
सतजुगि तै माणिओ छलिओ बलि बावन भाइयो।
त्रेते तै माणिओ राम रघुवंसु कहाइओ॥
दुआपर क्रिसन मुरारि कंसु किरतारथु कीओ।
उग्रसैण कउ राजु अभै भगतह जन दीओ॥
कलियुग प्रमाणु नानक गुरु अंगदु अमरु कहाइओ।
स्री गुरु राजु अविचलु अटलु आदिपुरुखि फुरमाइओ॥

(महला-1)

स्पष्ट ही यह गुरुजी की अपनी वाणी नहीं हो सकती। पर ऐसा क्यों कहा जाता है ? इसलिए कि गुरु की वाणियों से उनका जो स्वरूप प्रकट होता है उससे यह मेल नहीं खाता। फिर भी गुरुजी के आरम्भिक जीवन के सम्बन्ध में जनम-साखियों से बहुत-कुछ प्रकाश पड़ता है। कुछ बातें उनमें अवश्य अतिरंजित और काल्पनिक हैं। परन्तु बहुत-सी सूचनाएँ प्रामाणिक भी हैं। गुरुजी का जन्म तालवण्डी ग्राम के एक खत्री-परिवार में हुआ था। गाँव के मालिक एक मुसलमान रईस (राय सलार) थे। गाँव का वातावरण ही ऐसा था जिससे गुरुजी के बालचित्त पर साम्प्रदायिक सौहार्द का प्रभाव पड़ा। उन्हें पाठशाला में पढ़ने को भी भेजा गया था और अन्य विद्यार्थियों की तुलना में उनकी गम्भीरता, शालीनता और भगवन्निष्ठा का आभास भी उन्हीं दिनों मिल चुका था। उनकी एक बड़ी बहन थी जिसका नाम नानकी बताया जाता है। नानक का विवाह भी हुआ था। उनकी पत्नी सुलक्खनी थीं। नानक का मन घर के कामों में नहीं लगता था। वे साधु-संग, एकान्तवास और अध्यात्म-चिन्तन में लगे रहते थे। माता-पिता उन्हें गृहस्थी के बन्धन में बाँधना चाहते थे। बहनोई जयराम की सहायता से उन्हें पंजाब के सूबेदार दौलतखाँ लोदी के एक कर्मचारी के मोदीखाने में नौकरी मिल गई। परमात्मा जिसे अपना बनाना चाहता है उसके लिए सुयोग भी विचित्र प्रकार से दे देता है। कहा जाता है कि उस नौकरी के बन्धन से उन्हें एक विचित्र प्रकार से मुक्ति मिल गई। आटा तौलते समय वे एक, दो, तीन गिनते-गिनते जब तेरह पर आए तो तेरह शब्द के पंजाबी उच्चारण 'तेरा' पर उनका ध्यान दूसरी ओर चला गया। 'मैं तेरा हूँ' इस भावना ने उन्हें तन्मय कर दिया। हाथ तौलते रहे, मुँह 'तेरा' 'तेरा' की रट में लग गया। सारा भांडार तौल दिया गया, 'तेरा' 'तेरा' 'तेरा'। यद्यपि यह 'तेरा' वाला अभिप्राय (अर्थात् मोटिव) मध्यकालीन और भी अनेक सन्तों के साथ जुड़ा हुआ है, पर गुरु नानक के मुख से निःसृत वाणियों के प्रकाश में यदि देखा जाए तो इसका अन्तर्निहित मर्मार्थ बिलकुल ठीक लगेगा। कदाचित् गुरु नानकवाली यह कहानी सबसे पुरानी भी है। इसे वास्तविक मान लेने में बिलकुल हिचक नहीं होती।

नतीजा जो होना था, वही हुआ। नौकरी छूट गई। नानक की अध्यात्म-भावना के विकास का मार्ग प्रशस्त हो गया। साधु-संत, भ्रमण और धर्मोपदेश का अवकाश प्राप्त हुआ। उन्होंने कामरूप से लेकर मक्का-मदीने

तक की यात्रा की। उन्हें संसार बाँध नहीं सका, पर संसार के बन्धन से छुटकारा देने और दिलाने का रहस्य उन्हें अवश्य प्राप्त हो गया। इन सारी यात्राओं में गुरु के मुख से जो अनुभूत सत्य प्रकट हुआ, वह अनायास गीत-रूप में उच्छ्वसित हुआ। सौभाग्य से उन्हीं के गाँव के एक मुसलमान रागी 'मरदाना' बराबर उनके साथ रहते रहे और उन्होंने यथासम्भव उन वाणियों को राग के ढाँचे में बाँधकर स्मरण रखा। निरन्तर मनन से गुरु के अन्तरतर की निर्मल ज्योति जाग पड़ी और वे राम-नाम जपते-जपते राममय हो गए। वे उस ज्ञान के अधिकारी हुए जो बाह्य जगत् की जानकारी से भिन्न होता है। बाह्य जगत् की जानकारी मायामुख होती है। उसे पाकर मनुष्य और भी उलझता है, और भी कल्पना-विलास की ओर अग्रसर होता है, और अपनी ही कल्पनाओं के ताने-बाने से अपने को ही उलझानेवाली जानकारियों का जाल बुनता है। वैष्णव कवि (कवि कर्णपूर) ने कहा था कि तार्किक लोग अपनी कल्पनाओं का ही नाम 'शास्त्र' दिया करते हैं। जो जितना ही कल्पना-कुशल होता है, वह उतना ही बड़ा तार्किक मान लिया जाता है–

ये यत्राधिक कल्पना-कुशलिनस्ते तत्र विद्वत्तमाः।
स्वीयं कल्पनमेव शास्त्रमिति ते मन्यन्तयहो तार्किकाः॥

इसी कल्पना-विलास को सन्तजन 'मायामुख' ज्ञान कहते हैं। गुरु नानक ने 'मनमुख' कहा है। ऐसा मनुष्य जो मन के इशारे पर ही चलता है और अन्तरतर में विराजमान अन्तर्यामी गुरु की ओर मन को नहीं ले जाता, 'मनमुख' होता है। इस अवस्था में शब्दों पर कसरत करने का मोह उत्पन्न होता है। अन्तरतर की वास्तविक अनुभूति को वह छू-छूकर हट जाता है। गुरुजी की वाणियों में भटके हुए लोगों के लिए 'मनमुख' शब्द का प्रयोग अधिक है। मनमुख मनुष्य खोटी राशि का होता है, परन्तु वह भी गुरु की शरण आने पर मुक्ति पाता है–

गुरु सरणाई छूटीए, मनमुख खोटी रास।

सन्त लोग कहते हैं कि जब वास्तविक ज्ञान का उदय होता है तो वह अन्तरतर में बैठे हुए महागुरु की ओर उन्मुख होता है। गुरु अपने भीतर ही विराजमान होता है। जब दृष्टि उसकी ओर फिरती है तो सही ज्ञान स्वयमेव उद्भासित हो उठता है। वह भव-बन्धन से छुटकारा देता है। वेदान्तशास्त्र में इसी को 'विद्या' कहते हैं–'सा विद्या या विमुक्तये'। बाकी सब अविद्या है : मनमुख ज्ञान है। इसके लिए बाह्य जगत से दृष्टि

फेरकर अन्तरतर में स्थित 'गुहाहितं गह्वरेष्ठं पुराणं' महागुरु की ओर दृष्टि फिरानी पड़ती है। एक बार उसे पा लेने पर प्रकाश स्वयं आविर्भूत होता है। निरन्तर ध्यान और मनन से वह अवस्था प्राप्त होती है जब एक क्षण के लिए लगता है कि ज्योति एकाएक जग उठी, पर तुरन्त ही वह सम्पूर्ण अस्तित्व को आत्मसात् करती है और गुरुमुखी ज्ञानी स्वयं गुरु-रूप हो जाता है। परमगुरु की असीम कृपा से नाम-रूपी रत्न प्राप्त होता है और मनुष्य मनमुख ज्ञान से निवृत्त होकर गुरुमुख ज्ञान प्राप्त करता है–

जिसनो क्रिपा करहिं तिनि नाम रतनु पाइआ।
गुरुमुखि लाधा मनमुखि गवाइआ॥

अनुभवी सन्तजन बताते हैं, और सच्चे भक्तों को देखकर साधारण मनुष्य भी अनुभव करता है, कि निरन्तर भगवच्चिन्तन, एक अपूर्व रसायन है। उससे कभी न बुझनेवाली एक विचित्र प्यास निरन्तर बढ़ती ही जाती है। गुरु नानक ने स्वयं कहा है–

हरिचरण मकरन्द लोभित मनो अनदिनो मोहि होई पिआसा।
क्रिपा जल देहि नानक सारिंग को होइ जाते तेरे नाइ बासा।

भगवान के चरण-कमल के मकरन्द-पान का लोभी मन-भ्रमर निरन्तर और भी तृष्णार्त होता जाता है। यह वह प्यास है जो तृप्ति नहीं जानती, निरन्तर बढ़ती ही जाती है। वे भगवान को आर्तकंठ से पुकारकर कहते हैं 'हे करुणानिधान ! अपनी कृपा का जल देते रहो, वह कृपा-जल जो निरन्तर अपनी ओर खींचते-खींचते एक दिन जलाशय में ही निवास करने के लिए हंस को उत्प्रेरित करता है।' नानक को यह अभिलाषित कृपा-जल पूरी मात्रा में मिला था। उन्होंने छककर इसका पान किया था और सारे संसार को भी बाँटा था।

जनम-साखियों की सहायता से नानक के आध्यात्मिक विकास की विभिन्न सीढ़ियों का आभास-मात्र मिलता है। गुरुग्रन्थ साहिब के पहले महले में संगृहीत पदों में उनका विकसित रूप ही उपलब्ध होता है। फिर भी हम उन भक्तजनों के ऋणी हैं जिन्होंने उनके जीवन का कुछ रूप जनम-साखियों के रूप में सुरक्षित रखा है। यद्यपि गुरु की शुद्ध वास्तविक चिन्मय मूर्ति उनकी वाणियों में ही मिलती है, पर वह उनका आरूढ़ रूप है। आरुरुक्षु रूप या यत्किंचित आभास जन्म-साखियाँ ही देती हैं। साधना के ऊँचे शिखर पर पहुँचते हुए भक्त को 'आरूढ़' कहते हैं, चलती भाषा में उसे 'पहुँचा हुआ' ही कहा जाता है। पर वह जब मार्ग में चलते-चलते

ऊपर उठने का प्रयास करता होता है, पहुँच जाने की आकांक्षा रखता है, उसे आरुरुक्षु कहते हैं। साधारणजन उसी में ज्यादा रुचि रखते हैं और वह जनम-साखियों से ही थोड़ा-बहुत देखने को मिलता है। इसीलिए इनके रचयिताओं के हम कृतज्ञ हैं।

कुछ साक्ष्यों के आधार पर गुरु नानक का जन्म अक्षय तृतीया (वैशाख शुक्ल 3) को हुआ था, ऐसा माना गया है। पर काफी अर्से से उनकी जन्म-तिथि का उत्सव कार्तिकी पूर्णिमा को मनाया जाता है। कुछ विद्वान् इस तिथि को ही उनकी सही जन्म-तिथि मानते हैं। आजकल यह उत्सव इसी तिथि को मनाया जाता है। वैसे तो गुरुजी-जैसे महानुभाव की जो भी जन्म-तिथि हो वही पवित्र और स्मरणीय है, पर मुझे कार्तिकी पूर्णिमा अधिक अर्थपूर्ण लगती है। शरत् ऋतु की इस अन्तिम पूर्णिमा को सारे भारत में न जाने कब से बहुत महत्त्व दिया जाता है। इस तिथि के साथ भारतवर्ष की धर्म-साधनाओं का विशाल और समृद्ध इतिहास जुड़ा हुआ है। कार्तिकी पूर्णिमा शामक ज्योत्स्ना से अधिक निर्मल और पवित्र होती है। गुरु नानक जैसे निर्मल यशवाले महामानव के आविर्भाव के लिए इस तिथि को अगर उपयुक्त समझा गया तो उचित ही हुआ। अगर उनकी मृण्मय काया के आविर्भाव की यही तिथि हो तो यह सोने में सुगन्ध है। वस्तुतः सिक्ख गुरुओं ने मृण्मय गुरु-रूप को कभी महत्त्व नहीं दिया। उनके चिन्मय रूप को—ज्ञानमय विग्रह को—ही वे अधिक महत्त्व देते आए हैं। इसके दो बड़े प्रमाण हैं। एक तो गुरु की वाणी को ही गुरु का स्वरूप समझना और दूसरे, गुरु-परम्परा में विन्दु-सृष्टि को अधिक महत्त्व न देकर नाद-सृष्टि की महिमा पर बल देना। गुरु की परम्परा दो रूपों में चलती है : (1) विन्दु-सृष्टि, जो पुत्र-पौत्र-परम्परा का, और (2) नाद-सृष्टि, जो शिष्य-प्रशिष्य-परम्परा का नाम है। गुरु नानक के पुत्र थे, पर दूसरे गुरु का स्थान उन्हें न मिलकर शिष्य-प्रशिष्यों को मिला। ऐसा भी हुआ है कि बाद में पुत्र-परम्परा और शिष्य-परम्परा एक-दूसरे से मिल गई है, पर उसका कारण योग्यता ही रही है। पुत्र यदि गुरु के जलाए प्रदीप को वहन करने में समर्थ है तो वह भी नाद-परम्परा का ही उत्तराधिकारी है। स्वयं को सिक्ख या शिष्य कहने का अर्थ भी नाद-परम्परा को ही अधिक गौरव देने की भावना का फल है। इसलिए गुरु की जन्म तिथि को यदि पूर्ण, शामक और निर्मल ज्ञान तथा परमानन्द का विग्रह या प्रतीक शरत्-पूर्णिमा के चन्द्रमा के साथ जोड़ दिया गया तो इसमें न तो कोई आश्चर्य है, न

अनौचित्य। कार्तिकी पूर्णिमा का चन्द्रमा निर्मल और शामक ज्ञान का प्रतीक है—

जगन्तापहरं दिव्यं परमानन्दविग्रहम्।
वन्दे शरच्चन्द्रनिभं गुरुं ब्रह्मस्वरूपिणम्॥

परन्तु उससे भी महत्त्वपूर्ण बात यह है कि मध्यकाल के निर्गुणमार्गी सन्तों में गुरु नानक का ही व्यक्तित्व शरच्चन्द्र के समान स्निग्ध, शामक और आह्लादजनक है। उनके पूर्ववर्ती सन्तों में कबीर अद्‌भुत शक्तिशाली व्यक्तित्व लेकर पैदा हुए थे। परन्तु उनके व्यक्तित्व में तीखापन भी है। वे कसकर व्यंग्य करते हैं, तीखी और तिलमिला देनेवाली आलोचनाओं से पंडित और मौलवी दोनों पर चोट करते हैं, परन्तु नानक का व्यक्तित्व अत्यन्त मृदु और शान्त है। उनकी भाषा में शरच्चन्द्रमा की किरणों की ही भाँति शामक गुण है। उनके व्यंग्यों में भी तीखापन या कटुता नहीं है, यद्यपि वे चोट करने में भी कम समर्थ नहीं हैं। इसीलिए मध्यकालीन निर्गुणमार्गी सन्तों में सच्चे अर्थों में वे शरच्चन्द्र हैं। उनकी आविर्भाव-तिथि इस पूर्णिमा को मानने के संगत कारण हैं। यह केवल भक्तों की कल्पना नहीं है, सुचिन्तित योजना है। निर्मल आकाश में शुभ्र राजहंस की तरह भ्रमण करनेवाला चन्द्रमा ही उनके व्यक्तित्व की ओर संकेत कर सकता है। उनकी मीठी वाणियों में अजीब आकर्षण है, मधुर वचन को वे भक्त का आवश्यक गुण मानते हैं—

बाबा बोलीऐ पति होइ।
ऊतम से दर ऊतम कहीअहि नीच करम बहि रोइ॥

सच पूछिए तो मध्यकालीन सन्तों की ज्योतिष्क-मंडली में गुरु नानकदेव ऐसे सन्त हैं जो शरत्‌काल के पूर्णचन्द्र की तरह ही स्निग्ध, उसी प्रकार शान्त-निर्मल रश्मि के भांडार थे। कई सन्तों ने कस-कसके चोटें मारीं, व्यंग्य-वाण छोड़े, तर्क की छुरी चलाई, पर महान् गुरु नानकदेव ने सुधालेप का काम किया। यह आश्चर्य की बात है कि विचार और आचार की दुनिया में इतनी बड़ी क्रान्ति ले आनेवाला, किसी का दिल दुखाए बिना, किसी पर आघात किए बिना, कुसंस्कारों को छिन्न करने की शक्ति रखनेवाला, नई संजीवनी धारा से प्राणिमात्र को उल्लसित करनेवाला यह सन्त मध्यकाल की ज्योतिष्क-मंडली में अपनी निराली शोभा से शरत् पूर्णिमा के पूर्णचन्द्र की तरह ही ज्योतिष्मान् हैं। इसलिए इस दिन उसकी याद आए बिना नहीं रह सकती। वह सब प्रकार से लोकोत्तर है। उसका

उपचार प्रेम और मैत्री है। उसका शास्त्र सहानुभूति और हित-चिन्ता है। वह कुसंस्कारों के अन्धकार को अपनी स्निग्ध ज्योति से भेदता है, मुमूर्षु प्राणधारा को अमृतभांड उँड़ेलकर प्रवाहशील बनाता है। वह भेदों में अभेद देखता है, नानात्व में एक का सन्धान बताता है, वह सब प्रकार से निराला है। शुभ्र ज्योत्स्ना से धवलित कार्तिकी पूर्णिमा को अनायास उनके चरणों में नत हो जाने की इच्छा होती है। गुरु नानक ने प्रेम का सन्देश दिया है, क्योंकि मनुष्य-जीवन का जो चरम प्राप्तव्य है वह स्वयं प्रेमरूप है। प्रेम ही उसका स्वभाव है। प्रेम ही उसका साधन है। वे कहते हैं–'अरे ओ मुग्ध मनुष्य ! सच्ची प्रीति से ही तेरा मान-अभिमान नष्ट होगा, तेरी छोटाई की सीमा समाप्त होगी, परम मंगलमय शिव तुझे प्राप्त होगा। उसी सच्चे प्रेम की साधना तेरे जीवन का परम लक्ष्य है। बाह्य आडम्बरों को तू धर्म समझ रहा है, बद्धमूल संस्कारों को तू आस्था मानता है ? नहीं प्यारे, यह सब धर्म नहीं है। धर्म तो स्वयं रूप होकर भगवान के रूप में तेरे भीतर विराजमान है। उसी अगम अगोचर प्रभु की शरण पकड़। क्या पड़ा है इन छोटे अहंकारों में ! ये मुक्ति के नहीं, बन्धन के हेतु हैं।'

गुरु की वाणियों में एक अद्भुत सहज भाव और पवित्र निष्ठा है। इसमें प्रभु के लिए व्याकुल पुकार है, आत्म-समर्पण का तीव्र आवेश है और अपनी दुर्बलताओं से विचलित होने की सम्भावनाओं के प्रति सजगता भी है। 'हे प्रभो ! यदि मोतियों के रत्नजटित महल हों और उनमें कस्तूरी, केशर, अगुरु और चन्दन की लुभावनी सुगन्ध का लेप भी मिल रहा हो तो भी ऐसा हो कि इस विशाल ऐश्वर्य से मेरा मन विचलित न हो जाए और मैं तुम्हारा नाम भूल न जाऊँ'–

मोती त मन्दर ऊसरहि रतनी त होहि जड़ाउ,
कस्तूरि कुंगू अगरि चन्दन लीपि आवै चाउ।
मतु देखि भूला बीसरै तेरा चित्ति न आवै नाउ ॥

हाय-हाय, हरि के बिन जीवन कैसा ! बलिहारी जाऊँ उस हरि की। मैंने अपने गुरु को देख लिया है। हरि से भिन्न और कोई ठिकाना नहीं है। मालिक मेरे, यदि हीरों और लालों से जड़ी धरती हो, उस पर लालों से जड़ा पलंग हो और उस पर मणि-रत्नों के आभरण से भूषित मन-मोहिनी बाला प्रेम-रंग की वार्ता करने का प्रसाद दे रही हो तो भी ऐसा हो कि इस मनोरम सौन्दर्य से मेरा मन विचलित न हो जाए और मैं तुम्हारा नाम भूल न जाऊँ–

हरि बिन जीऊ जलि बलि जाउ।
मैं आपणा गुरु पूछि देखिआ, अबरू नाहीं थाउ।
धरती त हीरे लाल जड़ती पलंधि लाल जड़ाउ।
मोहणी मुखि मणी सोहै करै रंगि पसाउ,
मति देखि भूला बीसरै तेरा चिति न आवै ताउ॥

इस मधुर तन्मयता ने गुरु की वाणी में अपूर्व माधुर्य भर दिया है। वे हउम या अहंकार भाव को मनुष्य का सबसे बड़ा शत्रु समझते हैं और इसके त्याग के द्वारा ही भगवान की प्राप्ति को सुलभ मानते हैं–

मन रे हउमै छोड़ि गुमानु।
हरि गुरु सरवरु सेवि तू पावहिं दरगह मानु॥

जनम-साखियों में गुरु नानक की यात्राओं का बड़ा मनोहारी चित्र बनता है। इनमें निश्चय ही कुछ कल्पना और श्रद्धातिरेक जुड़े हुए हैं। पर वे महान् परिव्राजक थे, इसमें कोई सन्देह नहीं रह जाता और इसमें भी कोई सन्देह नहीं रह जाता कि इन यात्राओं में उनका प्रधान सम्बल उनका सत्य-परायण सहज जीवन और निरहंकार मधुर व्यक्तित्व ही था। अपने जीवन के सत्तर वर्षों में लगभग एक-तिहाई उम्र उन्होंने यात्रा में ही बिताई थी। उन दिनों की कठिन परिस्थितियों में उनकी यात्राएँ अद्भुत साहसपूर्ण कहीं जाएँगी। पाँच बार उन्होंने लम्बी यात्राएँ कीं। उद्देश्य साधु-संग और भगवद्भक्ति का प्रचार था। पहली यात्रा पूरब की थी। उस समय उनकी आयु 31 वर्ष की थी। साथ में उनके प्रिय शिष्य मरदाना थे। उनकी यह यात्रा कामरूप तक की थी। वे पानीपत, गोरखमाता, वाराणसी, नालन्दा होते हुए कामरूप गए और फिर अपने स्थान को लौट आए। लौटते समय पाकपत्तन (मांटगुमरी) में शेख़ फ़रीद के शिष्य शेख़ इब्राहीम से धर्मालाप किया। सर्वत्र उनके मोहक व्यक्तित्व का प्रभाव पड़ता था। मरदाना की बीन पर उनकी रचनाएँ श्रोताओं को मुग्ध कर देती थीं। दूसरी यात्रा सन् 1506 में शुरू हुई। इस बार वे दक्षिण की ओर गए। सिरपा, बीकानेर, अजमेर, आबू होते हुए वे पुरी गए और उधर से नागपत्तन और श्रीलंका तक उनके जाने का विवरण मिलता है। इस बार उनके साथ सैदो और धेबी नाम के दो जाट शिष्य भी थे। तीसरी यात्रा 8 वर्ष बाद सन् 1514 में शुरू हुई। इस यात्रा में वे उत्तर की ओर कैलास और मानसरोवर की ओर गए। साथ नासू और सीहा नाम के दो शिष्य थे। मानसरोवर में उनका योगियों के साथ सत्संग हुआ। इसी यात्रा में वे तिब्बत और दक्षिणी चीन

भी गए। चौथी यात्रा पश्चिम की ओर हुई। वे हाजी के रूप में मक्का गए। बताया जाता है कि इसी यात्रा में वे यरूशलम, दमिश्क और अल्लेप्पों होते हुए बग़दाद पहुँचे और अनेक मुस्लिम सन्तों और पंडितों से सत्संग किया। उनकी प्रेममयी वाणी ने सर्वत्र जादू का असर किया। कहते हैं कि बग़दाद में उन्होंने बहील के शाह को सिक्ख धर्म की दीक्षा दी। पंजाब-यात्रा में उन्होंने मुख्य रूप से पंजाब का भ्रमण किया। उन्होंने पाकपत्तन, देयालपुर, कगापुर, सुलतानपुर, जलालाबाद, तिरिया आदि स्थानों में धर्मप्रचार किया। वे जब बटाला होते हुए अमीनाबाद पहुँचे तो बाबर ने उन्हें साथियों सहित गिरफ्तार कर लिया और इस प्रकार बाबर से उनकी भेंट सम्भव हुई। गुरुजी ने अपनी मीठी और स्पष्ट वाणी से बाबर के कुकृत्यों की खरी आलोचना की। बाबर पर उसका प्रभाव भी पड़ा। इस प्रकार उन्होंने अपनी लम्बी यात्राओं से देश का कोना-कोना छान डाला। पड़ोसी देशों की भी यात्रा की और एक ओर जहाँ उन्होंने मनुष्यों के दुःख-कष्ट का अनुभव किया, वहीं उनके अन्धविश्वासों और गलत मान्यताओं को दूर करने का प्रयास भी किया। यात्रा-वृत्तान्तों में कई करामाती प्रसंगों की भी चर्चा है। पर उनको हटा देने पर गुरु की अत्यन्त साहसिक प्रकृति, भगवान पर अखंड विश्वास, अपूर्व जिज्ञासा और दीनदलित पर दयाभाव का परिचय अवश्य मिलता है। उनकी वाणी की मोहकता, उनके व्यक्तित्व का आकर्षण और उनकी भगवन्निष्ठा का प्रभाव इन यात्रा-वृत्तान्तों से स्पष्ट हो जाता है। यद्यपि परवर्ती पुस्तकों में उन्हें शास्त्रार्थी विजेता के रूप में चित्रित करने का भी प्रयास है पर यह उनकी नहीं, उस काल की श्रद्धालु जनता की मनोवृत्ति का प्रतिफलन है। गुरु नानक बहुत वाद-विवाद में नहीं पड़ते थे। वे अपने पवित्र आचरण के द्वारा ही विरोधी को सत्य का साक्षात्कार करा देते थे। कितने ही विरोधियों ने जो उनके चरणों में आत्म-समर्पण किया वह शास्त्रार्थ-वैदुष्य को देखकर नहीं, अत्यन्त प्रभावशाली आचरण और मधुर व्यवहार के कारण ही किया।

गुरु के जीवन-काल में ही उनका प्रभाव, सूर्य के प्रकाश के समान फैलने लगा था। उनके मन में किसी के प्रति राग या द्वेष नहीं था। उन्होंने किसी की निन्दा नहीं की और एक परमात्मा को छोड़कर किसी की स्तुति भी नहीं की। दुःख से वे उद्विग्न नहीं हुए, सुख की वासना मन में नहीं रखी। वे जीवन में कभी भी लोभ, मोह और अभिमान के वशीभूत नहीं हुए, हर्ष और शोक से विचलित नहीं हुए। भगवान का परम अनुग्रह जिसे

मिल जाता है वही इस प्रकार का विगतस्पृह हो सकता है। गुरुजी ऐसे लोगों को 'निराश' कहते हैं। निराश, अर्थात् जिसके मन में प्राप्ति और संचय की कोई स्पृहा न हो। गुरु की कृपा से, प्रभु के अनुग्रह से ही यह सम्भव है। जो गोविन्द के साथ पानी की धारा में पड़े हुए पानी की बूँद के साथ एकमेक हो गया होता है, उसे ही इस प्रकार की निस्पृहता प्राप्त होती है। गुरुजी अपनी यात्राओं में सैकड़ों प्रकार के लोगों से मिले। विरोधियों से भी और प्रशंसकों से भी, चोरों, ठगों और लुटेरों से भी; पंडितों, योगियों और तान्त्रिकों से भी; शेखों, काज़ियों और मुल्लाओं से भी—सर्वत्र उनके मृदुल स्वभाव और सत्यशील आचरण ने विजय पाई। कटुता कहीं नहीं आई। विरोध ने वैर का रूप कभी नहीं लिया। यह ऐसी सिद्धि है जिस पर सहज ही विश्वास करना कठिन है, पर है सत्य। ऐसे ही निर्वैर, निरहंकार, निस्पृह मनुष्य के माध्यम से परमात्मा अपना तेज संसार को देता है। एक भजन में ऐसे भक्तजन का चित्रण इस प्रकार किया गया है—

जो नर दुखु मैं दुखु नही मानै।
सुख सनेहु अरु भै नहिं जाके कंचन माटी जानै।
नहिं निन्दा नहिं अस्तुति जाके लोभ मोह अभिमाना।
हरस सोक ते रहे नियारउ नाहिं मान अपमाना।
आसा मनसा सकल त्यागै जग ते रहै निरासा।
काम क्रोध जिह परसे नाहीं तेहि घटि ब्रह्मु निवासा।
गुर किरपा जिह नर कउ कीनीं तिह इह जगुति पिछानी।
नानक लीन भयो गोविन्द सिउ ज्यों पानी संगि पानी॥

वस्तुतः यही गुरु के आकर्षक व्यक्तित्व का रहस्य भी है और स्वरूप भी। उन्होंने तथाकथित छोटी जातियों को भी भरपूर सम्मान दिया। भेदभाव तो उनमें लेशमात्र नहीं था। हिन्दू और मुसलमान दोनों को वह समान भाव से स्नेह करते थे। कैसा भेदभाव ? गुरु ने कभी अपने को किसी से अलग नहीं माना। उन्होंने कहा था कि एक ही ज्योति से संसार उत्पन्न किया गया है, इसमें कौन अच्छा है कौन बुरा—

एक जोति ते जग ऊपजा कौन भले कौन मन्दे !

किसी ने ठीक ही कहा था—

नानक शाह फकीर
हिन्दू का गुरु मुसलमान का पीर।

गुरु नानकदेव के भजनों में निरीह भक्ति-निर्भर सन्त का जीवन प्रतिफलित हुआ है। विचारों में उनका मत कबीर आदि निर्गुणिया सन्तों के मत से मिलता-जुलता है, लेकिन न तो इन भजनों में कबीर का अक्खड़पन है और न खंडन-मंडन की प्रवृत्ति। नानक कबीर की भाँति समाज के निचले स्तर से नहीं आए थे, इसलिए उनकी उक्तियों में भुक्तभोगी की तीव्रता नहीं है। अत्यन्त सहज उदार भाव ही उनकी उक्तियों का प्रधान आकर्षण है। जाति-पाँति, छुआछूत और बाह्याचारों के प्रति आक्रमण का भाव इनकी उक्तियों में भी है। किन्तु यह आक्रमण प्रधान रूप से बौद्धिक है, कबीर के समान अनुभूतिजन्य नहीं है। विनय और मृदुता में इनकी तुलना भक्तवर रैदास के साथ की जा सकती है। परन्तु यदि इनके भक्तों की त्यागभावना, दुःख बर्दाश्त करने की शक्ति और अपार धैर्य को देखा जाए तो यह मानना पड़ेगा कि जैसी अद्‌भुत प्रेरणादायिनी शक्ति इनकी वाणियों ने दी है वैसी मध्ययुग के किसी अन्य सन्त की वाणियों ने नहीं दी है। इतिहास साक्षी है कि सिक्ख भक्तों को दीवार में चुन दिया गया है, फाँसी पर लटका दिया गया है और जितनी प्रकार की अमानुषिक पीड़ाएँ दी जा सकती हैं, सब दी गई हैं। और फिर भी इन भक्तों ने निराशा या पराजय का भाव नहीं दिखाया। जिन वाणियों से मनुष्य के अन्दर इतना बड़ा अपराजेय आत्मबल और कभी समाप्त न होनेवाला साहस प्राप्त हो सकता है, उनकी महिमा निस्सन्देह अतुलनीय है। सच्चे हृदय से निकले हुए भक्त के अत्यन्त सीधे उद्‌गार और सत्य के प्रति दृढ़ रहने के उपदेश कितने शक्तिशाली हो सकते हैं, यह नानक की वाणियों ने स्पष्ट कर दिया है। इनकी भाषा में किसी प्रकार का घुमाव या जटिलता नहीं है। बहुत ही सीधी-सादी भाषा और बहुत ही निर्मल प्रतिपादन-शैली—यही नानक की रचनाओं की विशेषता है। इनकी निरीहता में कोई हीनता-ग्रन्थि नहीं, विरुद्ध पड़नेवाले विचारों के प्रति कोई हिंसा का भाव भी नहीं, और जो लोग सत्य मार्ग से विचलित हैं उनके लिए घृणा का भाव भी नहीं। इनकी सभी वाणियों में एक बात प्रमुख रूप से आई है—जो भी सुनना चाहे उसे वे सुना देना चाहते हैं कि ऐ मनुष्य, तुझे बड़े पुण्य से मनुष्य का शरीर प्राप्त हुआ है, उसे व्यर्थ के मिथ्याचारों में फँसाकर यों ही न गँवा दे—

रैणि गँवाई सोइ कै, दिवसु गवाइआ खाई।
हीरे जैसा जनमु है, कउडी बदले जाइ॥

जीवन की सार्थकता वे भगवान के नामस्मरण और निरन्तर ध्यान में मानते थे। जिसे यह महान् तत्त्व प्राप्त हो गया है, उसके लिए किसी भी अन्य तत्त्व की आवश्यकता नहीं। और सारी बातें गौण हैं, मुख्य है भगवान का भजन। इसी परम तत्त्व को पाने के कारण संसार की समस्त पीड़ाएँ और यातनाएँ विफल हो जाती हैं। नानक और उनके अनुयायियों ने इस परम सत्य को पा लिया था।

गुरु की वाणियों को पढ़ने पर उनके अत्यन्त निरीह निरहंकार और समर्पित-चित्त मीठे व्यक्तित्व का परिचय मिलता है। महाप्रभु चैतन्य देव ने कहा था—'तृणादपि सुनीचेन तरोरपि सहिष्णुना।' (अपने को तृण से भी अधिक नीचे और वृक्ष से भी अधिक सहिष्णु होकर सदा भगवान की सेवा करनी चाहिए।) गुरु नानक ने और भी कहा है—'मालिक मेरे, मैं तुझसे यही माँगता हूँ कि जो लोग नीच से भी नीच जाति के समझे जाते हैं, मैं उनका साथी बनूँ। बड़ा कहानेवाले नामधारी लोगों के साथ चलने की मेरी इच्छा नहीं है। क्योंकि मैं जानता हूँ कि तेरी कृपा-दृष्टि वहीं होती है जहाँ इन गरीबों की सँभाल होती है'—

नीचा अन्दरि नीच जाति नीची हू अति नीचु।
नानकु तिन कै संगि साथि वडिआ सिउ किआ रीस।
जिथै नीच समालीअनि तिथै नदरि तेरी बखसीस॥

गुरु नानक मानते थे कि एक परमात्मा ही अखंड और सर्वशक्तिमान् सत्ता है। उसी की आज्ञा से यह समस्त चराचर जगत रूपायित हो रहा है। वह हुक्मी निराकार है और उसी के हुक्म से सबकुछ आभासित होता है। वह हुक्म तत्त्व बहुत-कुछ अनुग्रह का समानधर्मा है, कुछ अधिक भी है। भक्तों में भगवान के अनुग्रह की बड़ी महिमा गाई गई है। वह भगवान का अनुग्रह या हुक्मी का हुक्म है जिससे जीवन उनका 'निज जन' बनता है। उसी से मनुष्य बड़प्पन पाता है—

हुकमी होवनि आकार हुकमु न कहिआ जाई।
हुकमी होवनि जीअ हुकमि मिलै वडिआई॥

जिसने इस हुकम को जान लिया है उसमें अहंकार और ममता का भाव समाप्त हो जाता है। नानक ने इस रहस्य को समझ लिया था, इसलिए उनमें अहंकार या भ्रमकार का लेश भी नहीं मिलता—

हुकमै अन्दरि सभ को बाहरि हुकम न कोई।
नानक हुकमै जे बुझै त हौमै कहै न कोई॥

ऐसे ही समर्पितचेता तन्मय महापुरुष के बारे में कहा जाता है कि उसकी वाणी विश्वव्यापी छन्दोयोजना के साथ एकमेक हो जाती है। वह जो कुछ कहता है वह उत्तम काव्य बन जाता है, जो कुछ करता है वह धर्म बन जाता है, जो कुछ सोचता है वह दर्शन बन जाता है। विश्वव्यापी चेतना के साथ एकमेक बनी इस सरल-सहज वाणी में काव्य मूर्तिमान हो उठा है। वैसी प्रवाहमयी अर्थप्रसू वाणी में ब्रह्माण्डव्यापी सहज ज्योति मूर्तिमती हो उठी है–'सारा आकाश विराट थाल है जिसमें सूर्य और चन्द्रमा के दीपक सजे हुए हैं। नक्षत्र-मंडल इस थाल के मोती हैं, मलयानिल ही धूप है और वायु ही चँवर कर रही है। सारी वनराजि रंग-बिरंग फूलों से इस आरती को साज रही है। यह कैसी अद्भुत आरती है तेरी, हे भव-खंडन प्रभो ! तुम्हारा अनहद नादी ही इस विराट आरती की भेरी की भाँति बज रहा है। सहस्र-सहस्र मूर्तियों में तू ही तू सर्वत्र विराजमान है। सहस्र-सहस्र तेरे चरण हैं और फिर भी तेरे कोई चरण नहीं है, क्योंकि तू निराकार है। समस्त संसार में व्याप्त सहस्र गन्ध की सुरभि तुझसे ही निकल रही है। तेरी ही ज्योति सबमें जगमगा रही है और उसी महान् ज्योति से सभी प्रकाशित हो रहे हैं। गुरु की साखी से ही यह ज्योति प्रकट होती है। हे मेरे अगम अगोचर, जो तुझे अच्छा लगे वही तेरी आरती है।'

गगनमै थालु रविचन्द दीपक बने तारिकामंडल
जनक मोती।
धूपु मलआनलो पवणु चवरो करे सगल बनराइ
फूलन्त जोती।
कैसी आरती होइ। भवखण्डना तेरी आरती।
अनहहा सबद बाजन्त भेरी। सहस तव नैन नन नैन हहि तोहि
कउ सहस मूरति नना एक तोही।
सहस पद विमल नन एक पद गन्ध बिन सहस तव गन्ध
इव चलत मोहि।
सभ महि जोति जोति है सोइ।
तिस दै चानणि सभ महि चानणु होइ।
गुरु साखी जोति परगटु होइ।
जो तिसु भावै सु आरती होइ।

कहते हैं कि जब गुरु जगन्नाथपुरी गए थे और वहाँ की आरती देखी थी तब यह ब्रह्मांडव्यापिनी आरती अनायास उनके मुख से निकल पड़ी

थी। यह सही अर्थों में भावनाओं का अनायास उद्रेक मुखरित करती है—जिसे 'स्पान्टेनियस आउटबर्स्ट ऑफ फीलिंग्स' कहा करते हैं। कविता और होती क्या है !

नानक की श्रद्धा और भक्ति का आश्रय यही विराट सत्ता है। वह निराकार, अखंड, अद्वय सर्वशक्तिमान है। उसी के हुक्म से यह विश्व रूपायित हो रहा है। युग-युग के भारतीय मनीषियों की यह वाणी नई शक्ति और नया तेज लेकर गुरु के मुख से उच्चरित हुई थी। गीता में कहा गया है—'श्रद्धामयोऽयं पुरुषः यो यच्छ्द्धः स एव सः।' मनुष्य श्रद्धामय है, जो जिस पर श्रद्धा करता है, वह वही हो जाता है। कोई आश्चर्य नहीं कि भक्तजनों ने गुरु को भगवान के स्वयंरूप के रूप में देखा। परन्तु वह भक्तों का दृष्टिकोण है। स्वयं नानक ने अपने-आपको सर्वात्मना भगवान को समर्पित कर दिया था। निरीह शरणागत भक्त की भाषा में उन्होंने कहा था—

जेता देहि तेता हउ खाउ।
बिआ दरु नाहीं कै दरि जाउ।
नानकु एकु कहै अरदासि।
जीउ पिंड सभु तेरै पासि।

परम गुरु को आश्चर्य-चकित भाव से अनुभव करते हुए उन्होंने कहा है—'हे प्रभो ! वह द्वार और वह घर कैसा है जिसमें तू बैठकर सभी जीवों की सँभाल कर रहा है ! अनेक असंख्य पूजा और भजनवाले तेरे गुणों का गान कर रहे हैं। न जाने कितने राग और कितनी रागिनियाँ और न जाने कितने उन्हें गानेवाले हैं। हवा, पानी और पवन तेरे द्वार पर खड़े होकर तेरा यशोगान कर रहे हैं। चित्रगुप्त भी जो कार्य-अकार्य का लेखा-जोखा रखते हैं वह भी तेरे ही गुणगान करते हैं। तेरे ही सँवारे हुए शिव, ब्रह्मा और देवी तेरे गुणगान करते हुए शोभा पा रहे हैं। इन्द्रराज भी इन्द्रासन पर बैठे हुए तेरे ही गुणगान कर रहे हैं। सिद्ध और साधु लोग समाधि में मगन होकर तेरे ही गुणों का मनन करते हैं। जो लोग जितेन्द्रिय, सत्यवादी, सन्तोषी और वीर हैं वे लोग भी तेरे ही गुणों का गुणगान करते हैं। बड़े-बड़े पंडित, ऋषि, मुनि युग-युग से वेदों के द्वारा तेरी ही यशोगाथा लिख रहे हैं। मन मोहनेवाली रमणियाँ स्वर्ग और पाताल लोक में तेरे ही गुणों का गान कर रही हैं। तेरी उत्पन्न की हुई सृष्टि और अड़सठ तीर्थ, बड़े-बड़े योद्धा और महाबली शूरगण तेरे ही गुणों का

गान करके बलशाली बने हैं। चार खाणि और चौरासी लाख योनि के जीवन तेरा यशोगान कर रहे हैं। अखंड मंडल और ब्रह्मांड में तैने जिन लोगों को धारण कर रखा है वे तेरा गुणगान कर रहे हैं। वे जीव, जो तुझे प्राप्य हैं, गुणगान करके तेरी रसमय भक्ति का आस्वादन कर रहे हैं। मैं कैसे तेरी रचना की विशालता का वर्णन करूँ ? यह सत्य स्वरूप तो चिरकाल सत्य है, अचल सनातन है। प्रभु ने रंगविरंग की माया की सृष्टि की है। वह प्रभु, स्वयं सृष्टि की रचना करता है और स्वयं उसे देखता है। वह सर्वसमर्थ है। जो उसे अच्छा लगता है वही करता है। वह बादशाह है और बादशाहों का बादशाह है। नानक भी प्रभु की आज्ञा से ही इस लोक में निवास कर रहे हैं।'

समर्पण की महिमामयी मूर्ति है प्रिया। भक्त अपना चरम प्रेम-निवेदन नारी के रूप में करता है। इसी भावना का परिपाक मधुर रस में होता है। आत्म-समर्पण के चरम उल्लास में नानक भी कह उठते हैं–

हम घरि साजन आए। साचै मेलि मिलाए।
सहजि मिलाए हरि मन भाए पंच मिले सुखु पाइआ।
साई वसतु परापति होई जिसु सेती मनु लाइआ।
अनदिनु मेल भइआ मनु मानिआ घर मन्दर सोहाए।
पंच सबद धुनि अनहद बाजे हम घरि साजन आए।
...सखी मिलहु रसि मंगल गावहु हम घरि साजिन आए॥

'आओ बहनो, सहेलियों के गले मिलें और मिलकर अपने परम समर्थ प्रिय की प्रेम-कहानियों की चर्चा करें। वाह री सखियो, उस सजे साहब में सब गुण-ही-गुण हैं। तभी हममें सारे अवगुण आ गए हैं, क्योंकि हम सीमा से बँधे हुए हैं, वह असीम है। उसी के बल से समस्त जीवन में शक्ति संचरित होती है। वही तुम्हारा स्वामी है। उसी के यश का हम गान करते हैं। आओ, सुहागिनों से पूछें कि किस प्रकार उन्होंने उस महान् प्रभु का प्रेम प्राप्त किया। बहनो, वे बताएँगी कि उन्होंने सहज सन्तोष का शृंगार किया था और मीठी बानी खोलकर प्रभु को प्राप्त किया था। गुरु के शब्दों को सुनने के बाद उसे रसीले प्रिय से मिलन हुआ था।'

अद्‌भुत है गुरु की वाणी की सहज बेधक शक्ति। कहीं कोई आडम्बर नहीं, कोई बनाव नहीं, सहज हृदय से निकली हुई सहज प्रभावित करने की अपार शक्ति। सहज जीवन बड़ी कठिन साधना है। सहज भाषा बड़ी

बलवती आस्था है। सीधी लकीर खींचना टेढ़ा काम है। गुरु का अनाडम्बर सहज धर्म ऐसी ही सहज वाणी से प्रचारित हो सकता था। कितनी अद्‍भुत निर्णयमान शैली है। कहीं भी पांडित्य का दुर्धर बोझ नहीं और फिर भी पंडितों को आन्दोलित करनेवाली यह वाणी धन्य है।

कोई पड़ता सहसाकिरता कोई पड़ै पुराना।
कोई नामु जपै जपमाली—लागै तिसै धिआना।
अबही कबही किछू न जाना
तेरा एको नाम पछाना।
न जाना हरे मेरी कवण गते
हम मूरख अगिआन सरनि प्रभ तेरी
कोई किरपा राखहु मेरी लाज पते।

ऐसी मीठी, निरहंकार सीधी वाणी से गुरु ने भटकती जनता को उसका लक्ष्य बताया। आज विद्वान् चकित हैं, पंडित अचरज में हैं—कितनी बड़ी ताकत और कैसा निरीह रूप ! कालिदास ने ठीक ही कहा था—'ध्रुवं वपुः कांचन पदमधर्मि यन्मृदुप्रकृत्या च संसार मेव च।' जो रूप से स्वर्णकमल के धर्मवाला होता है, वह निश्चय ही स्वभाव से मृदु होता है किन्तु सारवान भी होता है। सारवान ही होता है। गुरु नानकदेव ऐसे ही कांचन पदमधर्मी महामानव थे—'मृदु प्रकृत्या च संसार मेव च।'

ऐसे थे नानक, शरणागति के विश्वासी, मधुर, शान्त, प्रेमी, निरहंकार।

उनका ऐसा ही स्वरूप है। गुरु ने कहा—'अपने-आपको उलीचकर दे दो, जो कुछ है उसे महाग्रहीता को निछावर कर दो, इसलिए नहीं कि ऐसा करने से सामाजिक मंगल की साधना होती है। बल्कि इसलिए कि वह प्रभु स्वयं महादाता है, परम देवणहारू है, उसका प्रेम इसी मार्ग से पाया जाता है। यह वह भक्ति है जो सबकुछ को छापकर सत्य का जयोद्‍घोष करती है।'

इतिहास साक्षी है कि गुरु के इन उपदेशों ने सामाजिक क्रान्ति का द्वार खोल दिया। वह प्रक्रिया जारी है। आज भी उसकी प्रभाविनी शक्ति कार्यरत हैं।

पाँच सौ वर्ष बीत गए। भारतवर्ष के विशाल आकाश के नीचे न जाने कितनी घटनाएँ घटीं, धरती को न जाने कितनी बार रक्तस्नान से सिक्त होना पड़ा, अन्याय और शोषण ने न जाने कितने तांडव किए, पर कार्तिकी पूर्णिमा का चाँद अपनी स्निग्ध शामक शोभा उसी प्रकार बिखेरता

जा रहा है, गुरु की पवित्र वाणी उतनी ही स्निग्ध ज्योति विकीर्ण कर रही है।

उतरो महागुरो, एक बार और उतरो ! हम तुम्हारी ऊँचाई तक नहीं पहुँच पा रहे हैं। आज भी मनुष्य की क्षुद्र अहमिका विक्षिप्त नर्तन कर रही है, आज भी भय और लोभ की आशंका और तृष्णा की धमाचौकड़ी व्याप्त है। एक बार और आओ, रक्षा करो मनुष्यता की, धर्म की, सत्य की ! बड़ी आशा और विश्वास से हम तुम्हारा स्मरण कर रहे हैं। जय हो तुम्हारी अमर वाणियों की, जय हो तुम्हारी शरणागति की, जय हो तुम्हारी निर्मल पवित्र स्मृति की, जय हो, जय हो !

गुरु नानकदेव : सन्देश

गुरु नानक का आविर्भाव जिन दिनों हुआ था, उन दिनों भारतवर्ष का हिन्दू समाज अनेक प्रकार की जातियों और सम्प्रदायों में विभक्त था। इसके अतिरिक्त शक्तिशाली इस्लाम धर्म का प्रवेश भी हो चुका था। आपसी भेदभाव पहले से ही बहुत जटिल सामाजिक व्यवस्था को और अधिक उलझाता जा रहा था। धार्मिक साधना के क्षेत्र में रामानन्द, नामदेव और कबीर जैसे कई महिमाशाली व्यक्तित्व प्रकट हो चुके थे जो जाति-पाँति तथा साम्प्रदायिक भेदभाव मिटाने का प्रयास कर चुके थे, पर भेदभाव की मनोवृत्ति कठोरतर सिद्ध हुई थी। जिस किसी ने जातिभेद को हटाने का प्रयास किया, उसी के नाम पर एक नई जाति और एक नए सम्प्रदाय की स्थापना हो गई। जिस किसी ने झाड़ू देकर मन्दिर के आँगन को साफ करने का प्रयास किया, उसी के नाम पर कोई ईंट-पत्थर आँगन में और डाल दिया गया। भेद-भाव बहुत ही शक्तिशाली सिद्ध हुआ, अभेद और एकता की बात कमजोर साबित हुई। फिर भी महात्मा लोगों ने अपना प्रयास जारी रखा। गुरु नानक ने अपनी समकालीन सामाजिक परिस्थितियों को यदा-कदा चित्रित किया है। तत्कालीन शासकों की निर्दय निरंकुशता और सामान्य प्रजाजन की असहाय स्थिति के प्रति वे सचेत थे। उनकी वाणियों में इस बात का प्रमाण मिल जाता है। परन्तु गुरु नानक बहुत कम अवसरों पर ही उसकी चर्चा करते हैं।

इस विषम परिस्थिति का सामना करने के लिए भी वे मनुष्य की

अन्तर्निहित शक्ति को जाग्रत करने का ही आह्वान करते हैं। वे निर्भय, निरहंकार और निर्वैर अकालपुरुष में अखंड विश्वास करते थे और उसी विश्वास को प्रत्येक व्यक्ति के चित्त में जाग्रत करते थे। अत्याचारी का अत्याचार इसलिए सह लिया जाता है कि साधारण मनुष्य के मन में भय और आशंका का भाव रहता है। भयवश और लोभवश मनुष्य क्या-कुछ नहीं करता ! विरूप परिस्थितियों में गुरु नानक भय को छोड़कर सत्य पर अडिग रहने की बात कहते हैं। कहते तो और लोग भी हैं, पर इतिहास साक्षी है कि गुरु के अनुयायियों ने भय का सही अर्थों में त्याग किया था। उनके ऊपर घोर अत्याचार हुए। उन दिल दहलानेवाली कहानियों से इतिहास के पन्ने भरे पड़े हैं, पर गुरु नानक के शिष्यों ने प्राणों को हथेली पर रखकर मृत्यु का तिरस्कार कर, काल के विधान को तोड़कर सत्य पर अटल रहने की साधना की है। कितनी अतुल गहराई से यह महावाक्य निकला होगा, जिसने पीढ़ियों तक भय को चुनौती दी है—

'मरणै की चिन्ता नहीं जीवण की नहीं आस।'

समाज की कुरीतियों और अन्धविश्वासों को दूर करने के लिए वे बँधी-बँधाई बोलियों का नुस्खा नहीं बताते। वे ऐसी महान् धर्मसाधना का निर्देश करते हैं जिसे पाकर मनुष्य को कुछ पाना बाकी नहीं रह जाता है। वे भगवद्भक्ति और त्याग-परायण निर्भीक जीवन की बात कहते हैं और सम्पूर्ण रूप से सर्वात्मना समर्पित जीवन को मुख्य सम्मान मानते हैं।

स्मरणीय है कि उत्तर-मध्यकाल में भक्ति का आन्दोलन विराट जन-आन्दोलन के रूप में प्रकट हुआ था। सिक्ख गुरुओं ने निराकार-निरंजन-परम भक्तिमार्ग का प्रचार किया। इस बात में अन्यान्य निर्गुणमार्गी सन्तों से वे एक बात में विशिष्ट बने रहे। मध्यकाल में भाष्यों-टीकाओं और मन्त्रों से उपलक्षित भक्ति-सम्प्रदायों का बड़ा जोर था। कोई भी भक्ति-सम्प्रदाय तब तक मान्य नहीं होता था, जब तक किसी-न-किसी प्रस्थानत्रयी समर्थित सम्प्रदाय का आश्रय न ले लेता था। प्रस्थानत्रयी में उपनिषद्, भवगद्गीता और बादरायण व्यास के वेदान्त सूत्र माने जाते थे। गुरु नानक और उनके भक्त कवियों ने इस पराधीनता को अस्वीकार किया। नाभादासजी ने अपने भक्तमाल में उन्हीं निर्गुणमार्गी सन्तों को स्थान दिया जो प्रसिद्ध भक्ति-सम्प्रदायों से सम्बद्ध माने जाते थे। कबीरदास को इसलिए स्थान मिला कि वे रामानन्द के शिष्य थे और इस प्रकार रामानुज-सम्प्रदाय से वे सम्बद्ध थे। गुरु नानक को स्थान नहीं मिला,

क्योंकि उनका सम्बन्ध किसी से नहीं जोड़ा जा सका। गुरु के अनुयायियों, भक्तों और सन्त कवियों ने इस बात की परवा न की। उन्होंने उन समस्त सन्त कवियों की बानियों का आदर किया जो अनुभवसिद्ध सत्य के गायक थे। सम्प्रदाय या आचार्य या ग्रन्थ-विशेष के समर्थन के लिए उन्होंने रुकना उचित नहीं समझा। यह विशेष दृष्टि उनकी बहुत महत्त्वपूर्ण देन है। इसमें स्वाधीन चिन्तन और आत्मानुभव-हेतुक उपलब्धि पर बल दिया गया है। पंजाब में बहुत महत्त्वपूर्ण भक्ति-साहित्य लिखा गया, पर हिन्दी को सबसे बड़ी देन इन सन्तों की स्वाधीन चिन्तना ही मानी जाएगी।

प्रस्थानत्रयी क्या है ?

'प्रस्थानत्रयी' वैदिक धर्म के आधारभूत तीन मुख्य ग्रन्थ हैं, जिनमें प्रवृत्ति और निवृत्ति दोनों मार्गों का नियमानुसार तथा तात्त्विक विवेचन किया गया है। इस तरह प्रस्थानत्रयी का दिनोंदिन अधिकाधिक प्रचार होने पर वैदिक धर्म के लोग उन मतों और सम्प्रदायों को गौण अथवा अग्राह्य मानने लगे, जिनका समावेश उक्त तीन ग्रन्थों में नहीं किया जा सकता था। परिणाम यह हुआ कि बौद्ध धर्म के पतन के बाद वैदिक धर्म के जो-जो सम्प्रदाय (अद्वैत, विशिष्टाद्वैत, द्वैत, शुद्धाद्वैत आदि) हिन्दुस्तान में प्रचलित हुए उनमें से प्रत्येक सम्प्रदाय के प्रवर्तक आचार्य को प्रस्थानत्रयी के तीनों भागों पर (अर्थात् भगवद्गीता पर भी) भाष्य लिखकर यह सिद्ध कर दिखाने की आवश्यकता हुई कि इन सब सम्प्रदायों के जारी होने के पहले ही जो तीन 'धर्मग्रन्थ' प्रमाण समझे जाते थे, उन्हीं के आधार पर उनका सम्प्रदाय स्थापित हुआ है और अन्य सम्प्रदाय इन धर्मग्रन्थों के अनुसार नहीं है। ऐसा करने का कारण यही है, कि यदि कोई आचार्य यह स्वीकार कर लेते हैं कि अन्य सम्प्रदाय भी प्रमाणभूत धर्मग्रन्थों के आधार पर स्थापित हुए हैं, तो उनके सम्प्रदाय का महत्त्व घट जाता—और, ऐसा करना किसी भी सम्प्रदाय को इष्ट नहीं था। साम्प्रदायिक दृष्टि से प्रस्थानत्रयी पर भाष्य लिखने की यह रीति जब चल पड़ी, तब भिन्न-भिन्न पंडित अपने सम्प्रदायों के भाष्यों के आधार पर टीकाएँ लिखने लगे। यह टीका उसी सम्प्रदाय के लोगों को अधिक मान्य हुआ करती थी जिसके भाष्य के अनुसार वह लिखी जाती थी।

इस पृष्ठभूमि में गुरु नानक की स्वाधीन वृत्ति का महत्त्व स्पष्ट हो जाता है। जिन दिनों सारा भारतवर्ष अपनी बात को आप्त वाक्यों द्वारा

समर्थित सिद्ध करने का प्रयास कर रहा था, व्याकरण और मीमांसा-शास्त्र की बताई विधियों का सहारा लेकर हर प्रतिकूल बात का अर्थ बदलने में व्यस्त था, गुरु नानक और उनके अनुयायियों ने इस बन्धन को अस्वीकार कर दिया। वे सीधी बात को सीधी भाषा में कहते थे। यह आवश्यक नहीं कि वह परम्परा से एकदम विच्छिन्न हो, पर यह भी आवश्यक नहीं कि पद-पद पर वह उसके समर्थन का मुहताज हो। क्या है वह गुरु का अद्‌भुत सहज सत्य ?

गुरु ने परमात्मा को सत्य-रूप माना है। वह अतीत का सत्य है, वर्तमान का है और भविष्य का भी। वह त्रिकालातीत सत्य है।

'आदि सचु, जुगादि सचु। है भी सचु नानक होसी सचु।'

सत्य का अर्थ ही 'है' है। परम्परा-क्रम से हम जिस सच्चिदानन्द को सुनते आए हैं उसके तीन तत्त्व हैं : सत्, चित, आनन्द। उसकी सत्ता त्रिकाल में है इसलिए वह सत् है। काल हमारी सीमित दृष्टि का आभासित तत्त्व है। इसलिए केवल यह कहना कि वह अतीत, वर्तमान और भविष्य में बना रहता है, बहुत कम करके कहना है। वह काल से परे है—अकाल-रूप है। वह अयोनि है, स्वयम्भू है : 'अकाल मूरति अजूनी सैंभं गुरु परसादि।' श्रीमद्‌भागवत में भी माता देवकी के मुख से कहलवाया गया है :

सत्यव्रतं सत्यापरं त्रिसत्यं सत्यस्य योनिर्निहितं च सत्ये।
सत्यस्य सत्यम् ऋत सत्य नेत्रं सत्यात्मकं त्वां शरणं प्रपद्ये॥

सो, गुरुजी परम प्राप्तव्य को 'सत्य-रूप' मानते हैं। जो सत्य-रूप है वह सत्य से ही प्राप्त हो सकता है, मौन से, व्रत से, उपवास से, कृच्छ आचारों से उसे नहीं पाया जा सकता। सिद्धियों से, सांसारिक समृद्धियों से, धन से, मान से वह अलभ्य (अलह) है।

उसके पाने का मार्ग है, उसी के नाम-गुण का श्रवण, उसी का मनन और उसी का ध्यान—श्रवण, मनन और निदिध्यासन।

श्रवण का बहुत महात्म्य है—

सुणिऐ सरा गुणा के गाह। सुणिऐ सेख पीर पातिसाह॥
सुणिऐ अन्धे पावहि राहु। सुणिऐ हाथ होवै अखगाहु॥
नानक भगता सदा विगासु। सुणिऐ दूख पाप का नासु॥

नाम श्रवण करने से योग तथा उसके भेदों का ज्ञान होता है। नाम श्रवण करने से शास्त्रों व स्मृतियों का तात्पर्य समझ में आ जाता है। इससे

भक्तों के हृदय में सदैव आनन्द बना रहता है। प्रभु का नाम सुनने से दुःखों और पापों का नाश हो जाता है। फिर मनन भी आवश्यक है—

मंने पावहि मोख दुआरू। मंनै परवारै साधारू।
मंने तरै तारे गुरु सिख। मंनै नानक भवहि न भिख॥
ऐसा नामु निरंजन होई। जे को मंनि जाणै मनि कोइ॥

मनन करने से मनुष्य मोक्ष का द्वार (ज्ञान) प्राप्त कर लेता है। मनन करनेवाला मनुष्य परावरपुर और अतर का आधार पा जाता है। ईश्वर के नाम का मनन करने से गुरु का शिष्य (सिक्ख) आप भी संसार-समुद्र से तर जाता है और उपदेश देकर अन्य लोगों को भी तार लेता है। गुरु नानकजी कहते हैं कि ईश्वर के नाम का मनन करनेवाला कोई व्यक्ति भिक्षुक बनकर भिक्षा माँगता नहीं घूमता। उस निरंजन (निष्कलुष परमात्मा) का पवित्र नाम ऐसा फलदायक है। अवश्य ही यदि कोई व्यक्ति हृदय से उसे मनन करना जानता हो, तो।

निधिध्यासन के लिए 'पंच' शब्द का प्रयोग हुआ है। पंच या पंज शब्द का प्रयोग गुरुजी ने अन्यत्र भी किया है। जान पड़ता है यह संस्कृत के 'प्रज्ञा' का पंजाबी रूप है। शुभ बुद्धि ही प्रज्ञा या पंजा है—

पंच परवाण पंच परधानु।
पंचे पावहि दरगहि मानु॥
पंचे सोहहि दरि राजानु।
पंचा का गुरु एकु धिआनु॥

प्रज्ञा ही प्रमाण है, प्रज्ञा ही प्रधान है। प्रज्ञा से ही दरगाह में मान मिलता है। प्रज्ञा का ध्यान एकमात्र गुरु ही होना चाहिए। जिस मनुष्य की प्रज्ञा एकमात्र गुरुपरक होती है, वही स्थितप्रज्ञ होता है। उपनिषदों में तो प्रज्ञान को ब्रह्म ही कहा गया है—'प्रज्ञानं ब्रह्म !'

गुरु नानक का परमात्मा पर अखंड विश्वास था। वे मानते थे कि हमारे प्रत्येक श्वास-प्रश्वास का हिसाब उसके पास है। ऐसा भक्त ही सच्चे अर्थों में निर्भय हो सकता है। जब उसकी मर्जी के बिना कुछ भी नहीं हो सकता, तो मृत्यु का भय और जीवन का लोभ दोनों ही मिथ्या सिद्ध होते हैं। भक्त न तो मरण की चिन्ता से उद्विग्न होता है, न जीवन के प्रलोभनों से विचलित—

मरणे की चिन्ता नहीं, जीवन की नहीं आस।
तू सरब जीआ प्रतिपालही लेखै सास गिरास॥

भय का अस्तित्व ऐसे भक्त के लिए है ही नहीं। केवल एक बात का ध्यान उसे बना रहता है : कहीं ऐसा न हो कि मन सत्य-मार्ग से विचलित हो जाए। परन्तु जिसे सत्य का साक्षात्कार हो गया है—सत्य, जो स्वयं परमात्मा का स्वरूप है—उसका यह भय मिट जाता है। सत्य का भय उसे परमात्मा के और निकट ले आ देता है। वह और भी मगन होकर भगवद्रस का पान करने लगता है। जिसने ज्ञानलभ्य इस महारस का पान कर लिया है, उसकी सांसारिक भोगवृत्ति निवृत्त हो जाती है—

मन वैरागी धरि वसै सच भै राता होइ।
गिआन महारसु भोगवै बाहुड़ि भूख न होइ॥

(नं. 1, श्री रू. गु.)

यह ज्ञान महारस केवल गुरु की कृपा से ही प्राप्त होता है। शास्त्रों के अध्ययन से, बाह्य अनुष्ठानों से और अर्थहीन आचारों से यह अलभ्य है। शास्त्र विवेक दे सकते हैं, ज्ञान को जीवन का अविच्छेद्य अंग नहीं बना पाते। गुरु नानक कहते हैं—

पड़ि पुसतक संधिआबादं। शिल पूजसि बगुल समाधिं।
मुखि झूठ विभूखण सारं। त्रैपाल तिहाल बिचारं।
गलि माला तिलकु लिलाटं। दुई धोती वसत्र कपाटं।
जो जाणसि ब्रहमं करमं। सभ फोकट निसचउ करमं।
कहु नानक निहचऊ धिआवै। विणु सतिगुरु वाट न पावै।

'अरे ओ पंडित, तू पुस्तक पढ़ता है, सन्ध्यावन्दन करता है, शिला की पूजा करता है और बगुले की तरह अर्थहीन समाधि लगाता है ? भाई मेरे, तेरा मुख सत्य से नहीं मिथ्या से विभूषित है, तेरे विचार निस्सार हैं। तू गले में माला और ललाट पर तिलक देता है, पर तेरा हृदय धौत वस्त्र और उत्तरीय के दो कपाटों में बन्द है। तू केवल ऊपरी दिखावा कर रहा है। भाई मेरे, जो तू ब्रह्म का विचार जानता तो इन सारे कर्मों की व्यर्थता भी जान जाता। नानक कहते हैं कि निश्चित रूप से समझ ले, सत्यात्मक गुरु के ध्यान के बिना मार्ग नहीं मिलता।'

सत्य ही परमात्मा का रूप है। परन्तु सत्य क्या है ? बहुत प्राचीन काल से इस देश के मनीषियों ने इस पर बहुत ऊहापोह किया है। महाभारत में ऐसे बीसियों प्रसंगों का उल्लेख करके पुराण मुनि व्यास ने इसके शुद्ध बुद्धि द्वारा ग्राह्य होने की ओर इशारा किया है। केवल एक उदाहरण यहाँ दिया जा रहा है। सनत्कुमार के प्रसंग में सत्यवादिता-जैसे अत्यन्त निर्विवाद

धर्म के बारे में कहा गया है कि सर्वत्र सत्य बोलना भी अच्छा नहीं। जहाँ सत्य बोलने से लोक-कल्याण में बाधा पड़ती हो, वहाँ सत्य नहीं बोलना चाहिए। क्योंकि सत्य बोलना प्रशस्त है, यह ठीक तो है, परन्तु सत्य से भी बड़ी वस्तु है प्राणिमात्र की हितचिन्ता। इसीलिए सत्य वही है, जिससे सर्वभूत का आत्यन्तिक हित या कल्याण होता हो, वह नहीं जो मुँह से बोला जाता है–

सत्यस्य वचनं श्रेयः सत्यादपि हितं वदेत्।
यद्‌भूतहितमत्यन्तम्, एतत्सत्यं मतं मम॥

(शान्ति. 329-17)

शास्त्रों में ऐसे और प्रसंग हैं, जहाँ सर्व प्राणिमात्र की कल्याण-भावना को धर्म के मूल तत्त्वों अर्थात् अहिंसा, सत्य, अस्तेय, शौच, इन्द्रियनिग्रह (मनुस्मृति, 10-63) आदि से श्रेष्ठ बताया गया है। ऐसे कथनों का तात्पर्य यह हुआ कि सर्वभूतमात्र की कल्याण-बुद्धि से किया हुआ कार्य ही धर्म-कार्य है। उसके अनुसार सामाजिक कल्याण के अनुकूल सत्यादि धर्म-ग्राह्य हैं और प्रतिकूल होने पर अग्राह्य। सत्य या अहिंसा इसलिए धर्म नहीं है कि वे सत्य और अहिंसा हैं, बल्कि इसलिए कि उनसे प्राणिमात्र का कल्याण होता है। जहाँ प्राणिमात्र के कल्याण के साथ सत्य या अहिंसा समझी जानेवाली वस्तु का विरोध हो, वहाँ समझना चाहिए कि वह तथाकथित सत्य और अहिंसा वस्तुतः सत्य और अहिंसा नहीं है। इसलिए तुलाधार ने जाजलि को उपदेश देते हुए कहा था कि जो व्यक्ति प्राणिमात्र के हित में नित्य रत है, वही धर्म को जानता है।

(शान्ति, 261-9)

स्वयं गुरु नानक ने प्रज्ञा या शुद्ध बुद्धि पर जोर दिया है, ऐसी प्रज्ञा जो गुरु-केन्द्रित हो, गुरु ही जिसका एकमात्र ध्यातव्य हो। यहाँ गुरु स्पष्ट ही अन्तरतर की महाज्योति का नाम है जिसके प्रकाश से सारा जगत् प्रकाशित हो रहा है। अपनी-अपनी संकीर्ण सीमाओं के भीतर हम जो कुछ देखते हैं वह वास्तविक सत्य नहीं है। वास्तविक सत्य अपनी छोटी अहमिका या 'हउम' को मिटाकर विश्वात्मा के साथ एकमेक होकर प्राप्त किया जा सकता है। तभी सच्चे सुख की प्राप्ति हो सकती है।

मनुष्य अपने दृष्टिकोण से सुख-दुख को देखता है। मगर सुख-दुख

का कोई एक ही मानदंड समस्त प्राणियों के लिए नहीं है। शास्त्र का यह कथन कि 'आत्मवत सर्वभूतेषु यः पश्यति स पश्यति' अर्थात् अपने ही समान जो प्राणिमात्र के दुख-सुख को देखता है वही वास्तव में देखता है, यह भी विचार-सापेक्ष है। मुझे पानी में डूबे रहने से कष्ट होता है, इसलिए मछली को भी कष्ट होगा, यह कहना नितान्त उपहासास्पद है। वस्तुतः इस वाक्य का ऐसा अर्थ करना ही ठीक नहीं है। इसका तात्पर्य है कि अपनी अन्तरात्मा को जिस प्रकार स्वयं को प्रतिकूल परिस्थितियों में कष्ट की और अनुकूल परिस्थितियों में सुख की अनुभूति होती है, वैसा ही सबके लिए सोचना चाहिए। व्यक्ति-विशेष की अनुकूल परिस्थितियाँ अलग-अलग होंगी। इस प्रकार के वाक्यों का सारी दुनिया के साहित्य में उल्लेख है। पर यह उपरले स्तर की सच्चाई है। जिस व्यक्ति का हम उपकार करना चाहते हैं, उसका सचमुच उपकार कर रहे हैं या नहीं, इसका कोई प्रमाण हमारे पास नहीं है। ऊपर के उदाहरण से इतना तो स्पष्ट है कि उपचिकीर्षु (उपकार करने का इच्छुक) का अनुभव प्रमाण नहीं। रही यह बात कि उपकार्य (जिसका उपकार किया जा रहा है) का अनुभव प्रमाण हो सकता है, तो यह भी नहीं जँचती, क्योंकि हैजे के रोगी से पूछो तो वह ठंडा पानी पीने से ही अपना उपकार मानेगा। परन्तु वह उसके लिए हानिकारक है। सही बात तो यह है कि उपकार करना, सुधार करना आदि बातें बहुत गहराई तक नहीं जातीं। क्योंकि ये भी सीमित अहंकार की देन है।

गुरु नानक उस काल के नाथ साधकों की भाँति स्वीकार करते हैं कि यह मनुष्य का शरीर समस्त ब्रह्मांड का ही एक छोटा प्रतिरूप है। जो कुछ पिंड में है वही ब्रह्मांड में है : 'जोइ जोइ प्यण्डे सोइ ब्रह्मण्डे'। इसका अर्थ यह है कि अगर अपने अन्तरतर की ज्योति को पहचान लिया गया तो ब्रह्मांड-व्यापिनी महाज्योति को पहचान लिया जा सकता है। वस्तुतः मनुष्य उतना ही जानता है जितना उसके अन्तरतर के चैतन्य से एकमेक हुआ रहता है। हम जब कुछ नई बात जानते हैं तो होता सिर्फ यह है कि हमारे चैतन्य पर पड़ा हुआ एक पर्दा हट जाता है। परन्तु जानना ही बहुत बड़ी चीज नहीं है। बड़ी चीज है ज्ञान को जीवन का अविच्छेद्य अंग बनाना। सत्य जब आचरण में रूप ग्रहण करता है तो धर्म बनता है। जो चीज केवल जानकारी के रूप में कही जाती है वह 'कथनी' मात्र है। 'करनी' के साथ जब तक वह एकमेक नहीं हो जाती तब तक वह भारमात्र सिद्ध होती है। वही पुरुष महात्मा होता है जिसकी कथनी और

करनी में भेद नहीं होता। परन्तु इतना होने के बाद भी 'सत्य' 'हित' नहीं बनता। कोई महात्मा बहुत सच्चा है, पवित्र है, भगवद्‌भजन में निरन्तर लीन है, जीवन्मुक्त है तो हमारी श्रद्धा का पात्र है। वह प्रणम्य है। पर साधारण मनुष्य के लिए वह दूर की चमकीली वस्तु ही है। उसे देखकर हमें प्रसन्नता होती है। परन्तु ततः किम् ? मैत्रेयी ने याज्ञवल्क्य से पूछा—'येनाहं नामृता स्याम् किमहं तेन कुर्याम् ?' अर्थात् मैं जिस बात से स्वयं अमृत नहीं बन जाती, उसे लेकर मैं क्या करूँगी ? कोई बहुत बड़ा सिद्ध हो गया, अच्छी बात है, पर साधारण सांसारिक जीवों को क्या मिला ? जब सत्य जीवन में इस प्रकार घुल-मिल जाता है कि वह अन्तरतर को परिपूर्ण करके बाहर भी ज्योति विकीर्ण करने लगता है तो उसके प्रकाश में साधारण जन को भी अनायास प्रकाश मिलता है। अन्धकार में भटके हुए प्राणियों को रास्ता दिखाई देने लगता है। ऐसा ही महात्मा 'गुरु' रूप में प्रकट होता है। भगवान की ज्योति के साथ वह जितना ही अधिक एकमेक होता है, उतना ही वह समाज का सही मार्गदर्शन करता है। यह सोचकर नहीं कि मैं मार्गदर्शन कर रहा हूँ। उसकी ज्योति ही ऐसी होती है कि दुनिया अपना मार्ग ढूँढने में समर्थ होती जाती है। उसकी ज्योति भटके हुओं को रास्ता दिखाती है। महागुरु ऐसा ही होता है। उसके निर्मल चरित्र में अपनी दीप्ति होती है। वह सत्य और प्रेम की साधना द्वारा स्वयं सत्य और प्रेम का रूप बन जाता है। गुरु नानक ऐसे ही महागुरु थे। उनकी अत्यन्त सीधी भक्ति-भावित वाणियों में कहीं भी इस बात का आग्रह नहीं है कि वे दुनिया को सुधारने की प्रतिज्ञा कर रहे हैं। ऐसा करना स्वयं 'हउम' या क्षुद्र अहमिका का रूप बन जाता है। वे तो सच्चे हृदय से महाग्रहीता के चरणों में समर्पित कर देते हैं : 'हे महागुरो, मैं तेरी शरण आया हूँ। तू ही पाक परवरदिगार है। तेरी न्योति से ही समूचा जगत ज्योतिष्मान् है।' महाग्रहीता को दिया हुआ यह अर्घ्य ही धन्य है। तुलसीदास ने कहा था—'जानत तुमहिं तुमहि होइ जाई (जो तुम्हें जानता है वह तुम-रूप ही हो जाता है)। सत्य इसी अवस्था में आकर प्राणिमात्र को मार्ग दिखानेवाला प्रकाश बन जाता है। ऐसा सत्य केवल 'व्यक्ति सत्य' न रहकर 'सर्वभूत हित' बन जाता है। अहंकार से आच्छन्न बुद्धि द्वारा निर्णीत सत्य सीमा का सत्य होता है, वह सीमित सुख देता है। अपने-आपको सर्वात्मना उत्सर्गीकृत भक्त का सत्य, असीम का सुख होता है। वह प्राणिमात्र का असीम सुख होता है। उपनिषद् में कहा गया है :

'भूमैव सुखम् नाल्पे सुखमस्ति।' गुरु नानक ने अपने-आपको उसी महाग्रहीता के चरणों में समर्पित कर दिया था। उनका सत्य सर्वजन के सुख का हेतु बना है। नानक महागुरु थे। उनकी ज्योति मानवता को प्रकाश देनेवाली ज्योति हुई।

विचित्र है वह रसमय पुरुष। वह रस भी है, रसिक भी, रसास्वादी भी है। वह प्रिया भी है, प्रिय भी है। यह अलबेला प्रियतम प्रभु निखिल विश्व-ब्रह्मांड को व्याप्त करके रह रहा है। परम प्रेयान् के इस रूप की बलिहारी है–

आपे रसीआ आपि रसु आपे रावणहार।
आपे होवै चोलड़ा आपे सेज भतार॥
रंगि रता मेरा साहिबु रवि रहिआ भरपूरि।
आपे बहुबिधि रंगुला सखीए मेरा लालु॥
नित रवै सोहागणी देखु हमारा हालु॥

अखंड प्रेम-स्वरूप को जिसने अपना लिया है उसके आचरण में भेदभाव का स्थान कहाँ है ? उसकी प्रत्येक गतिविधि भेदभाव को मिटाने में समर्थ होती है। गुरु नानक की प्रेम-साधना समाज में फैली हुई विषमता, छूतछात, साम्प्रदायिकता को दूर करने की अमोघ शक्ति के रूप में अत्यन्त प्रभावकारी सिद्ध हुई।

भारतवर्ष में जातिभेद और छूतछात का मनोभाव दीर्घकाल से चला आ रहा है। आज से पाँच सौ वर्ष पूर्व यह मनोभाव और भी तीव्र था। हमारे इस देश में अनेक मनीषी हुए हैं, जिन्होंने संसार के समस्त पदार्थों के ऊपरी भेदों को, नानात्व को मिथ्या बताया है और एक ही अद्वैततत्त्व को सत्य धोषित किया है। परन्तु इस विस्मयकारी चिन्तन के बावजूद सामाजिक भेदभाव और समाज के अनेक वर्गों को अस्पृश्य मानते रहने का क्रम भी ज्यों-का-त्यों चलता रहा है। विचार के सत्य को परमार्थ सत्य और आचार के भेदभाव को व्यवहार सत्य मानकर संगति बैठा ली गई है। विचार और आचार के बीच दरार पैदा करनेवाली ऐसी विसंगति की भी संगति लगा लेने का प्रयत्न बड़ा करिश्मा ही है, पर इस देश में वह जमके बैठ गया है।

गुरु नानक ने इस व्यवधान को दूर करने का सफल प्रयत्न किया था। दीर्घकाल से चले आए हुए एकत्व–नेह नानास्ति किंचन–की आवाज को उन्होंने नई शक्ति दी। मार्ग उनका प्रेम और मैत्री का था। उनका

आदर्श निराकार, निरहंकार और निर्वैर सत्यपुरुष था, उनका बल कथनी और करनी के व्यवधान को पाटने पर था, उनका उपाय एकान्त भगवन्निष्ठा और अकुंठ शरणागति था, उनकी एक विशेष निष्ठा 'गुरु' की शिक्षा पर थी।

कई विद्वानों ने कहा है कि 'गुरु' की मध्यस्थता उन्होंने सामी धर्म से ली। उस धर्म में ईश्वर और जीव के बीच एक पैगम्बर मध्यस्थ का कार्य करता है। यह बात कुछ अनावश्यक आडम्बर के साथ कही जाती है।

निस्सन्देह गुरु नानक के सामने महान् इस्लाम धर्म था। मुस्लिम सन्तों का सत्संग भी उन्होंने प्राप्त किया था और उनके संवेदनशील चित्त पर उसका प्रभाव भी पड़ा था। परन्तु उन्होंने समन्वय का मार्ग अपनाया था। भेदभाव जिसके मन में कभी आया ही नहीं उससे यह आशा करना कि सत्य के निर्णय में वह हिन्दू और मुसलमान का भेद करेगा, एकदम बेबुनियाद बात है। उन्होंने शक्तिशाली इस्लाम के उत्तम सिद्धान्तों को सहज भाव से अपनाया है। सहज भाव से मौलिक तत्त्वों को अपनाना ही सच्चा समन्वय है।

कुछ लोग धर्म के नाम पर चलनेवाले ऊपरी आचारों को एक साथ जोड़ देने को समन्वय कहने लगे हैं। रोजा भी अच्छा और एकादशी भी अच्छी। त्रिपुंड धारण भी ठीक और क्रास का पहनना भी ठीक। सलाम भी सही और नमस्ते भी सही। इस प्रकार समन्वय आरम्भ किया गया है। समन्वय की यह नीति ठीक नहीं जँचती। समन्वय में तत्तद् धर्मों के उन मूल तत्त्वों का ध्यान रखना आवश्यक है जिनको केन्द्र में रखकर इन बाह्य आचारों को अपनाया जाता है। समन्वय का अर्थ यह है कि हम मनुष्य की मूल एकता को स्वीकार करें, और उस विशाल मानवतावादी दृष्टि को अपनाएँ जो समग्र मनुष्य जाति को सामूहिक रूप से नाना प्रकार की कुशिक्षा, कुसंस्कार और अभावों के बन्धन से मुक्त करके उसे जीवन की उच्चतर चरितार्थता की ओर ले जाने का प्रयास कर रही है। गुरु नानक ने इसी मूल तत्त्व को पकड़ा था।

कार्य और अकार्य, कर्तव्य और अकर्तव्य की क्या कसौटी होनी चाहिए, इस विषय पर अनेक शास्त्र लिखे गए हैं। क्या ठीक है और क्या ठीक नहीं है, यह दीर्घकाल से सामाजिक नैतिकता के मनीषियों का विचारणीय विषय रहा है। गुरु नानक व्यक्तिगत शुचिता और सार्वभाव

से आत्मार्पण की महिमा घोषित करते हैं। वे मनुष्य के चित्त से अहंकार, भय और लोभ का उन्मूलन करने पर बल देते हैं। जो चित्त अहंकार, भय और लोभ से मुक्त होता है वह अनायास सामाजिक मंगल की ओर प्रवृत्त होता है। अहंकार वस्तुतः अपने-आपको सबसे अलग समझने के कारण ही होता है। अहंकार अर्थात् पृथकत्व बुद्धि। गुरु नानक ने कहा है—'मन मेरे, तू क्षुद्र अहमिका का अभिमान छोड़ दे और हरि रूप गुरु के शीतल सरोवर का सेवन कर। तभी तू उसके दरबार में आदर पा सकेगा'—

मन रे हउमै छोड़ि गुमानु।
हरि गुरु सरवरु सेवि तू पावहि दरगाहि मानु।

(सिरीं रागु, महला 1)

अपने-आपको जगत-प्रवाह से विच्छिन्न समझनेवाले के मन में ही मैं और मेरा, अहंकार और ममता के भाव आते हैं। जिसने अपने-आपको महागुरु के चरणों में समर्पित कर दिया है, उसे अहंकार और मिथ्या गर्व हो ही नहीं सकते। हे प्रभु, तू इतना बड़ा दाता है, देवनहार है कि तेरी भक्ति के भांडार में कभी कोई त्रुटि नहीं आती। कहाँ का गर्व और कैसा अहंकार ? गर्व करने से कुछ हाथ नहीं लगता। किस बात का गर्व किया जाए ? यह जीवन भी तेरा, यह शरीर भी तेरा। मेरा है ही कहाँ कि ममता का आकर्षण हो—

तू एवडु दाता देवणहारू।
तोटि नाहि तुधु भगति भंडारि॥
कीआ गरबु न आवै रासि।
जीउ पिंडु सभु तेरै पासि॥

भक्ति-भावना की विशाल पटभूमि पर लोभ, मोह, भय-भ्रान्ति, अहंकार, ममता की समस्याओं को सुलझाने का यह प्रयत्न बहुत ही प्रशंसनीय है। इसमें परमार्थ और व्यवहार का द्वन्द्व नहीं है, कथनी और करनी का व्यवधान नहीं है और व्यक्ति सत्य और समष्टि-सत्य की निरर्थक ऊहापोह भी नहीं है। जो भी अहंकार, भय, लोभ और तृष्णा द्वारा चालित है वह मनुमुख है, इसलिए त्याज्य है। जो भी अन्तरतर की ज्योति के सम्मुखीन है वह ग्राह्य है, गुरुमुख होने से वह स्वीकार्य है। जो मनमुख होता है उसे ममता सताती रहती है, वह पुत्र-कलत्र की धन-सम्पत्ति को अपना समझकर 'मेरा-मेरा' के चक्कर में पड़ा रहता है। इसी का नाम भव-जाल है। वह उलझता है, छटपटाता है, कामवासना से विचलित होता

है, सम्पत्ति नष्ट होने के भय से कातर हो जाता है। वही असामाजिक हो जाता है—

मनमुखु जाणै आपणे धीआ पूत सँजोगु।
नारी देखि विगासीअहि नाले हरखु सु सोगु।

परन्तु जो गुरुमुख होता है, जिसकी चित्तवृत्ति बहिर्मुखी न होकर अन्तरतर के महागुरु की ओर प्रवृत्त रहती है, वह दिन-रात हरि-रस का पान करता रहता है—

गुरु मुखि सवदि रंगावले अहनिसि हरिरसु भोगु।

हरिरस—चरम प्राप्तव्य, समष्टि-सत्य, अगजग-व्यापिनी मंगलेच्छा। यही व्यक्ति-सत्य है, यही समष्टि-सत्य—'जोइ जोइ प्यण्डे सोइ ब्रह्मंडे !'

अन्यायी से भय न पानेवाला ही सच्चे अर्थों में निर्भय है। पर निर्भयता के साथ-ही-साथ निर्वैरता भी होनी चाहिए। नानक ने कहा था : डरो मत और डराओ मत। निर्भय भी बनो और निरहंकार भी बनो और निर्वैर होना भी मत भूलो। इसलिए नहीं कि यही सफल जीवन-यात्रा की नीति है बल्कि इसलिए कि सत्यात्मा गुरु स्वयमेव ऐसा है और उसके प्रेम पाने का यही मार्ग है। दूसरे मार्ग धोखा हैं।

गुरु नानकदेव : महिमा

गुरु नानक केवल वीतराग महात्मा ही नहीं थे, उन्होंने संसार को नया मार्ग दिखाया और कोटि-कोटि मनुष्यों के लिए महात्मा बनने का मार्ग प्रशस्त किया। जिन दिनों उनका आविर्भाव हुआ था, वह समय भारत के लिए और विशेषतः इसके आध्यात्मिक जीवन के लिए बहुत ही अन्धकार का था। अनेक प्रकार के कुसंस्कारों और अन्धविश्वासों से देश ग्रस्त था। विदेश से एक ऐसी शक्तिशाली धार्मिक संस्कृति का आक्रमण हुआ था जो उसे हर क्षेत्र में चुनौती दे रही थी। लोगों का मनोबल समाप्त होने को आया था। स्वयं गुरु नानकदेव ने अपनी 'बानियों' में बताया है कि 'उस समय राजा लोग सिंह के समान हिंसक और चौधरी लोग कुत्ते के समान लालची हो गए थे। उनके नौकर-चाकर अपने तीखे नाखूनों से घाव करते और लोगों का खून चूसते थे।' (मल्हार की वार, सलोक 13)। उन्होंने कलयुग को काती और राजाओं को कसाई बताया था और कहा था कि 'धर्म पंख फैलाकर कहीं उड़ गया। झूठ-रूपी अमावस्या की रात थी और सत्य का चन्द्रमा अस्त हो गया था।' सारंग की वार के 22वें श्लोक में उन्होंने कहा है कि 'स्त्रियाँ मूर्ख हो गई हैं। पुरुष जालिम शिकारी बन गए हैं और लोग शील, संयम तथा पवित्रता को तोड़कर खाद्याखाद्य खाने लगे हैं। शर्म और प्रतिष्ठा उठकर न जाने कहाँ चले गए हैं!'

गुरु नानकदेव ने जनता को भयंकर रूढ़ियों का शिकार देखा। वे ऐसे मूर्ख और गँवार हो गए थे कि पत्थरों को देवता मान बैठे थे और पानी

में डुबकी लगाने को ही पुण्य कार्य। बाहरी आडम्बरों और अर्थहीन आचारों के बोझ से लोग दबे हुए थे। धर्म के नाम पर ऐसी बातों के चक्कर में पड़े हुए थे जो अपना उद्देश्य खो चुकी थीं। यह एक सांस्कृतिक और धार्मिक संकट का काल था। उनके कुछ पूर्व ही नामदेव, कबीर आदि महान् सन्तों ने इन कुसंस्कारों, रूढ़ियों और अन्धविश्वासों का थोथापन प्रकट किया था। गुरु नानकदेव ने ऐसे महात्माओं की वाणियों को भी बड़े आदर से सुना और समझा था और स्वयं इस अन्धकार को दूर करने के लिए मार्गप्रदर्शन किया था। मध्ययुग के सन्तों ने इस कठिन समय में सहज भक्ति का मार्ग बताया था। अनेक छोटे-छोटे देवताओं के स्थान पर एक महादेव के भजन और पूजन का मार्ग बताया था। परन्तु उन्हें वह सफलता प्राप्त नहीं हुई जो गुरु नानक को प्राप्त हुई थी। जे.डी. कनिंघम ने बहुत ठीक लिखा है कि 'यह सुधार गुरु नानक के लिए अवशिष्ट था। उन्होंने सुधार के सच्चे सिद्धान्तों का बड़ी सूक्ष्मता के साथ साक्षात्कार किया और ऐसे व्यापक आधार पर धर्म की नींव डाली जिसके द्वारा गुरु गोविन्दसिंहजी ने अपने देशवासियों के मन को नवीन राष्ट्रीयता की उमंग से अनुप्राणित किया और उत्तम सिद्धान्तों को ऐसा व्यावहारिक रूप दिया कि उनके धर्म में छोटी और बड़ी जातियों को समान मर्यादा प्राप्त हुई। इसी प्रकार राजनीतिक अधिकारों में भी सबको बराबरी का अधिकार प्राप्त हुआ।'

मध्ययुग के अन्य सन्तों का सन्देश धार्मिक और सामाजिक जीवन तक ही सीमित था। गुरु नानकदेव ने उसे बृहत्तर पटभूमि पर रखा। उसके द्वारा संस्थापित भक्ति-मार्ग सम्पूर्ण मानव-जीवन को आत्मसात करता है। यह एक बहुत बड़ी विशेषता है जो गुरु नानकदेव के पहले भारतवर्ष में सैकड़ों वर्ष तक किसी दूसरे महात्मा को नहीं प्राप्त हुई। भारतवर्ष ने दर्शन और अध्यात्म के क्षेत्र में बहुत योगदान किया है। परन्तु गुरु नानकदेव के सैकड़ों वर्ष पहले से विभिन्न क्षेत्रों के उदात्त विचार अलग-अलग डिब्बों में बन्द से दिखाई देते हैं। बौद्धिक रूप में अद्वैतवाद में विश्वास रखनेवाले व्यावहारिक क्षेत्र में ऊँच-नीच, छूआछूत आदि संस्कारों को शिरसा स्वीकार कर लेते थे। आध्यात्मिक रूप से एक सच्चिदानन्द में विश्वास करनेवाले व्यावहारिक रूप में सैकड़ों देवी-देवताओं के पुजारी बन जाया करते थे। सिद्धान्त-रूप में शब्द-ब्रह्म के अस्तित्व को स्वीकार करनेवाले व्यवहार के क्षेत्र में मन्त्र, तन्त्र, जादू, टोना आदि सबको अंगीकार कर लेते थे। जो

लोग सिद्धान्ततः एक परम शक्तिमान ईश्वर को अगजग-पालक मानते थे, वे ही व्यावहारिक राजनीति के क्षेत्र में भय, लोभ और मोह से ग्रस्त होकर राजनीतिक गुलाम बने रहते थे। चिन्तन और व्यवहार की यह खाई निरन्तर चौड़ी होती जा रही थी। इस पृष्ठभूमि में गुरु नानकदेव के उपदेशों से चालित सिक्ख वीरों का इतिहास अत्यन्त उज्ज्वल रूप में प्रकट होता है। उन्होंने एक अखंड सच्चिदानन्द परमात्मा को विचार और व्यवहार के क्षेत्र में समान रूप से स्वीकार किया, यही कारण है कि वे बड़ी-से-बड़ी राजनीतिक शक्ति के सम्मुख झुके नहीं। भयंकर सामाजिक रूढ़ियों के पर्वतों से टकराकर भी रुके नहीं और सहज सत्य को सहज ही मानने में दुविधा में नहीं पड़े। गुरु नानकदेव ने सत्य को ही एकमात्र लक्ष्य माना और जीवन के हर क्षेत्र में उस एक ध्रुवतारा की ओर ही उन्मुख रहे। उनके सन्देश में कहीं भी संकीर्णता, संकोच और दुविधा नहीं है। उन्होंने विचार और व्यवहार के क्षेत्र को एक कर दिया और उनके शिष्यों ने श्रद्धा-सम्मान के साथ उसे अपने जीवन का ध्रुवतारा मान लिया। न उन्होंने भयवश समझौता किया और न लोभवश उसे खंडित होने दिया। गुरु नानकदेव का मन्त्र तब तक काम करता रहेगा, जब तक उसे उसी विशाल पटभूमि पर रखकर देखा जाता रहेगा। आज हमारा यह परम पावन कर्तव्य है कि हम अपने देश के इस महान् गुरु का दिया हुआ मन्त्र उसी रूप में स्वीकार करें जिस रूप में इन्होंने उसे दिया था। हम उसे किसी भी मूल्य पर संकीर्ण और अनुदार नहीं बना सकते। गुरु नानक के रूप में परमात्मा ने हमें दिव्य रूप में दर्शन दिया था। उस रूप को विस्मृत कर देना हमारे देश के लिए परम दुर्भाग्य का विषय होगा।

प्रज्वालितो दीप इव प्रदीपात् : शिष्य-परम्परा

गुरु नानकदेव को सिक्ख लोग आदिगुरु मानते हैं। इनके बाद नौ और गुरु हुए हैं। आदिगुरु ने अपना उत्तराधिकारी गुरु अंगद को बनाया था। गुरुग्रन्थ साहिब में 6 गुरुओं की रचनाएँ मिलती हैं। पाँचवें गुरु अर्जुनदेवजी ने अपने पूर्ववर्ती सभी गुरुओं की वाणियाँ एकत्र की थीं। उसके बाद के गुरुओं की वाणियाँ संगृहीत नहीं हुई थीं। बताया जाता है कि दसवें गुरु गोविन्दसिंहजी ने अपने पिता नवें गुरु (गुरु तेगबहादुर) की वाणियाँ जोड़ी थीं। उन्होंने स्वयं अपनी रचनाओं को इससे अलग रखा। इस प्रकार गुरुग्रन्थ साहिब में केवल 6 गुरुओं की वाणियाँ ही संकलित हैं। भिन्न-भिन्न विद्वानों ने इन वाणियों को अलग-अलग ढंग से गिना है। यहाँ डॉ. तारनसिंह के अनुसार इनकी संख्या लिखी जा रही है। कोष्ठक में श्री भाई कान्हसिंह की बताई हुई संख्या दे दी गई है। सबसे अधिक वाणियाँ गुरु अर्जुनदेव की हैं। इस ग्रन्थ में आदिगुरु नानकदेवजी की 974 (947), गुरु अंगददेव की 62 (63), गुरु अमरदास की 907 (869), गुरु रामदास की 907 (869), गुरु अर्जुनदेव की 2218 (2312) और गुरु तेगबहादुर की 115 (?) वाणियाँ संकलित हैं। गणना-भेद से यह नहीं समझना चाहिए कि विद्वानों को कोई पाठान्तर मिला। वस्तुतः वाणियाँ उतनी ही हैं। अपने-अपने गिनने का ढंग अलग है। इन वाणियों से विभिन्न गुरुओं के साहित्यिक कृतित्व का परिचय मिलता है। जिन तीन गुरुओं की वाणियाँ ग्रन्थ में नहीं संगृहीत हो सकीं, उनकी साहित्यिक प्रतिभा का

कोई परिचय नहीं मिलता। वे निश्चय ही पहुँचे हुए सन्त थे, पर कदाचित् उन्होंने या तो कुछ लिखा नहीं या उन्होंने जो लिखा वह उपलब्ध नहीं हुआ। उनकी वाणियाँ यदि उपलब्ध होतीं तो गुरु गोविन्दसिंहजी-जैसे साहित्यिक आचार्य उन्हें अवश्य संकलित करते।

मध्ययुग के जिन महात्माओं ने भारतीय सन्त-साधना और समाज-व्यवस्था को अत्यधिक प्रभावित किया था, उनमें श्री गुरु नानकदेव का नाम प्रमुख है। इनका जन्म सम्वत् 1526 अर्थात् सन् 1469 ई. में पंजाब के राईबोई के तालवंडी नामक ग्राम में हुआ था। वे परवर्ती मध्यकाल के अत्यन्त प्रभावशाली सिक्ख सम्प्रदाय के प्रवर्तक थे। इनका स्वर्गवास सम्वत् 1595 अर्थात् 1538 में हुआ था।

गुरु नानकदेव के बाद जो नौ गुरु हुए, उनके नाम हैं : गुरु अंगददेव, गुरु अमरदास, गुरु रामदास, गुरु अर्जुनदेव, गुरु हरगोविन्द, गुरु हरिराय, गुरु हरकृष्ण, गुरु तेगबहादुर और गुरु गोविन्दसिंह। इनमें कई गुरुओं ने भक्ति-भाव के भजन लिखे हैं। इन्होंने केवल भक्ति-भाव के भजन ही नहीं लिखे, बल्कि अन्यान्य अनुयायियों को भी भक्ति-भाव के भजन लिखने की प्रेरणा दी। इन गुरुओं और उनके अनुयायियों की रचनाएँ आत्मबल और चारित्र्य-शुद्धि की प्रेरणा देनेवाले साहित्य में बहुत ही ऊँचा स्थान रखती हैं। इस सम्प्रदाय के अन्तिम गुरु गोविन्दसिंह थे। उन्होंने गुरुपरम्परा समाप्त करके उसके स्थान पर गुरुग्रन्थ साहिब को प्रतिष्ठित किया। हम आगे देखेंगे कि इस महान् ग्रन्थ का सम्पादन बड़े परिश्रम के साथ किया गया था। इसमें गुरुओं की वाणियाँ तो संगृहीत हैं ही, गुरु नानक के पूर्ववर्ती अन्य सन्तों की भी वाणियाँ संग्रह की गई हैं। सैकड़ों वर्ष तक इन वाणियों के शुद्ध पाठ को सुरक्षित रखने का प्रयत्न किया गया। जब से इनका सम्पादन हुआ, उसके बाद एक अक्षर या मात्रा को भी इधर-उधर नहीं किया गया। इस प्रकार इस महान् ग्रन्थ ने जहाँ एक ओर परम तेजस्वी गुरुओं की प्रेरणाप्रद वाणियाँ हमें दी हैं, वहीं दूसरी ओर समान विचारवाले पूर्ववर्ती सन्तों की वाणियाँ भी काफी सुरक्षित रूप में हमें प्रदान कीं। साहित्य का विद्यार्थी आज निश्चिन्त होकर कह सकता है कि आज से लगभग चार सौ वर्ष पहले नानक-पूर्व सन्तों की वाणियाँ किस रूप में प्रचलित थीं। गुरुग्रन्थ साहिब केवल धर्म-साधकों के लिए ही परमनिधि नहीं है, वह मध्यकालीन साहित्य के विद्यार्थियों के लिए भी अपूर्व रत्न भंडार है। आदिग्रन्थ के अन्तर्गत 'महला' नाम के विभागों में गुरुओं की

वाणियाँ संगृहीत हैं। प्रथम 'महला' में आदिगुरु की वाणियाँ हैं जिनमें शब्द, अर्थ और गेय, तथा सलोक (श्लोक) अर्थात् दोहाबद्ध साखियाँ मिलती हैं। इसके अतिरिक्त इसमें गुरु नानकदेव की अन्य रचनाएँ भी संगृहीत हैं।

सिक्ख गुरुओं में गुरु अंगद (जन्म सन् 1504 ई.) अच्छे कवि हुए हैं। एक अनुश्रुति के अनुसार पहले ये शक्ति के उपासक थे, बाद में किसी से 'आशा दी वार' की कुछ सुन्दर पंक्तियाँ सुनकर गुरु नानक के प्रति अनुरक्त हो गए और फिर बाद में उनके शिष्य बने। इन्होंने ही गुरु नानक की रचनाओं को एकत्र कराया, गुरुमुखी अक्षरों का संस्कार किया और लंगर द्वारा अतिथि-सत्कार की प्रथा चलाई। आदिग्रन्थ में इनके कुछ श्लोक और दोहे संगृहीत हैं। इनकी रचनाओं में भी सदाचार, भगवत्प्रेम और गुरुभक्ति के भाव हैं।

गुरु अंगद को स्वयं गुरु नानक ने अपना उत्तराधिकारी घोषित किया था। उनके पुत्र श्री चन्द्र भी योग्य थे, पर उनमें संसार के प्रति औदासीन्य और उपराम का भाव था। कदाचित् इतना वैराग्य-भाव गुरु के अपने जीवन-दर्शन के अनुकूल नहीं पड़ता था। उनके मन में कर्मयोग और सेवावृत्ति की प्रवृत्ति होना आवश्यक था। इसलिए उन्होंने अपने प्रिय शिष्य भाई लहिणा को उत्तराधिकारी चुना और उनका नाम अंगद रखा। अनुमान किया जाता है कि उन्होंने यह नाम इसलिए चुना था कि वे बताना चाहते थे कि ये उनके अंग या स्वरूप की ही देन हैं। गुरु अंगद अपने महान् गुरु की आशाओं के अनुरूप ही सिद्ध हुए। इनमें भगवान के अनुग्रह पर पूर्ण विश्वास था। भगवदानुग्रह से ही सच्चे गुरु की कृपा भी मिलती है। भगवान स्वयं सत्य-स्वरूप है। यह संसार सत्यात्मा का ही आवास है—'एहु जग सचे की है कोठड़ी, सचे का विचि वासु।'

तीसरे गुरु अमरदास (1479-1574 ई.) पहले वैष्णव थे और बाद में गुरु अंगद की कन्या से, जो उनके भतीजे से ब्याही हुई थी, गुरु नानकदेव का एक पद सुनकर उनकी ओर आकृष्ट हुए और गुरु अंगद की सेवा में उपस्थित हो गए। गुरु अंगद के समान ही यह भी अत्यन्त विनीत और मधुर-स्वभाव के भक्त थे। इनकी रचनाएँ भी गुरुग्रन्थ साहिब में संगृहीत हैं। वे सन् 1552 ई. में गुरु-गद्‌दी पर आसीन हुए और 1554 ई. तक विराजमान थे। गोहन्दवारण गाँव को इन्होंने अपना स्थान बनाया था और वहाँ एक बावड़ी का निर्माण कराया था। पूरे देश में धर्म-प्रचार के लिए इन्होंने 22 केन्द्र खोले थे, जिन्हें 'मंजी' (मंच, पीठ) कहा जाता है। लंगर

की प्रथा को पुष्ट किया और भेदभाव को मिटाने के लिए आदेश दिया कि लंगर से भोजन किए बिना कोई गुरु के दर्शन का अधिकारी नहीं हो सकता।

चौथे गुरु रामदास (सन् 1514-81 ई.) की रचनाएँ भी आदिग्रन्थ के चौथे महला में संगृहीत हैं। उनकी रचनाओं की संख्या 907 है। इनकी रचनाओं में कुछ कान्तभाव के भी भजन हैं, जो समकालीन कृष्णभक्त कवियों की इसी श्रेणी की रचनाओं के साथ तुलनीय हो सकते हैं। तन्मयता और आत्म-समर्पण के भाव इनकी रचनाओं में विशेष रूप से प्राप्त होते हैं—

मेरा सुन्दरु कहहु मिलै कितु गली,
हरि के सन्त बतावहु मारगु हम पीछे लागी चली।
प्रिअ के बचन सुखाने हीअरे, इह चाल बनी है भली।
लटुरी मधुरी ठाकुर भाई ओह, सुन्दरि हरि ढुलि मिली।
एको प्रिउ सखीआ सभु प्रिअ की जो भावै पिर सा भली।
नानक गरीबु किआ करै बिचारा हरि भावै तिहु राह चली॥

चौथे गुरु रामदासजी ने वह प्रसिद्ध जलाशय खुदवाया था जो 'अमृतसर' के नाम से प्रसिद्ध है। पहले उन्होंने रामदासपुर नामक गाँव बसाया था, पर बाद में पवित्र जलाशय के नाम पर नगर भी अमृतसर के नाम से ही प्रसिद्ध हुआ।

पाँचवें गुरु अर्जुनदेव (1563-1606 ई.) की रचनाएँ आदिग्रन्थ के पाँचवें महला में संगृहीत हैं। लेकिन इनका सबसे महत्त्वपूर्ण कार्य आदिग्रन्थ का सम्पादन और संकलन है। उसमें संगृहीत पदों को एकत्र करने के लिए इन्होंने स्वयं घूम-घूमकर पद संग्रह किए और प्रसिद्ध भक्तों को बुलाकर अच्छे सन्तों की वाणियाँ चुनवाईं। आदिग्रन्थ को उन्होंने गुरु अंगद प्रचारित और प्रतिसंस्कृत गुरुमुखी में भाई गुरुदास से लिखवाकर सम्वत् 1661 अर्थात् सन् 1604 ई. में प्रस्तुत कराया। अन्य सभी गुरुओं की अपेक्षा इस ग्रन्थ में गुरु अर्जुनदेव की रचनाएँ अधिक हैं। वक्तव्य-विषय वही परम्परा-प्रचलित और भक्त-जगत् में सम्मानित गुरु महात्म्य, भगवत्भक्ति और सांसारिक सुखों की नश्वरता आदि है। इनकी सम्पादन-दक्षता के बारे में आगे लिखा जाएगा।

परवर्ती गुरुओं में गुरु तेगबहादुर (1622-75 ई.) विशेष रूप से उल्लेखनीय हैं। ये नौवें गुरु हैं। विषय तो इनके भी वही हैं जो अन्य

गुरुओं द्वारा नाना भाव से कहे गए हैं, पर इनकी भाषा में पंजाबी का कम प्रभाव है और वह ब्रजभाषा के अधिक निकट हैं। गुरुमुखी में लिखे जाने के कारण वे ब्रजभाषा से कुछ भिन्न अवश्य हैं परन्तु वास्तव में उतने भिन्न हैं नहीं।

अन्तिम गुरु सुप्रसिद्ध गुरु गोविन्दसिंह (1666-1718 ई.) थे जो अपनी वीरता, सहृदयता और ईमानदारी के कारण विरोधियों में भी आदर के पात्र बन गए थे। ये स्वयं सुकवि तो थे ही, अनेक अच्छे कवियों के आश्रयदाता भी थे। इनकी रचनाएँ दशम ग्रन्थ में संगृहीत हैं। इस पुस्तक में हमने अन्यत्र दशम ग्रन्थ पर विस्तार से विचार किया है। इनकी रचनाओं में बहुत विकसित काव्य-रूपों के दर्शन नहीं होते हैं। इनकी भाषा अन्य गुरुओं की अपेक्षा अधिक परिनिष्ठत ब्रजभाषा है, जिसमें प्रवाह भी है और कवित्व और अन्यान्य गुण भी विद्यमान हैं। इनके विषय में आगे विस्तार से लिखा गया है। भगवत्प्रेम को इन्होंने भी श्रेष्ठ बताया था।

गुरु अर्जुनदेव अपने पिता गुरु रामदास के कनिष्ठ पुत्र थे। इनके दो बड़े भाइयों ने ज्येष्ठता के आधार पर गुरु-गद्दी पर अपने हक का दावा किया था, पर गुरु ने अपने छोटे बेटे में ही गुरुपद सँभालने की योग्यता देखी। ये गद्दी पर बैठे। निस्संदेह गुरु रामदास ने होनहार बालक को ठीक पहचाना था। गुरु नानकदेव के बाद गुरु-गद्दी पर उनके शिष्य-प्रशिष्य बैठे, पुत्र-पौत्र नहीं। गुरु रामदास ने यद्यपि अपने पुत्र को गद्दी दी, पर उन्होंने भी अपने पुत्र की विवेकपूर्वक जाँच की। पुत्र होने से ही कोई गद्दी का हकदार हो जाएगा, यह बात स्वीकार नहीं की। योग्यता और संगठन-शक्ति की उन्हें अधिक चिन्ता थी, पुत्रों को गद्दी देने की नहीं। यहाँ तक नाद-क्रम (शिष्य-परम्परा) किसी-न-किसी रूप में चलता रहा, पर बाद में विन्दुक्रम (पुत्र-परम्परा) ने उसका स्थान ले लिया। चौथे गुरु तक धर्म-कार्य में राजशक्ति का हस्तक्षेप नहीं हुआ था। अकबर का उदार शासन चल रहा था। पर जहाँगीर के शासन-काल में यह बात नहीं रही। जहाँगीर को सिक्ख गुरुओं के बढ़ते हुए प्रभाव से चिढ़ हो गई। सिक्खों की शक्ति इतनी नहीं थी कि मुगल शासन से लोहा ले सकें। गुरु अर्जुन ने भावी संघर्ष को भाँप लिया और मुगलों के साथ संघर्ष के लिए प्रस्तुत होने लगे। यहाँ से गुरु-गद्दी में राजसत्ता का प्रवेश हुआ। गुरु अर्जुन को अन्तिम काल में मुगल शासन ने बन्दी बनाया और वहीं उन्हें अत्याचार और असहिष्णुता की बलिवेदी पर अपने-आपकी बलि देनी

पड़ी। उनके इस अपूर्व बलिदान ने सिक्खों और बृहत्तर हिन्दू समाज में संजीवनी-शक्ति भरी। सिक्ख लोग अत्याचार से जूझने के लिए कटिबद्ध हो गए। मुगल शक्ति की एक नई प्रतिद्वन्द्वी शक्ति का उदय हुआ। गुरु अब संकीर्ण अर्थ में धार्मिक नेता नहीं रह सके। धर्म की रक्षा के लिए वह प्राण देने का अपार साहस देनेवाले 'बादशाह' भी बने। कदाचित् इन्हीं परिस्थितियों में गुरु-गद्दी पर गुरु के पुत्र-पौत्र आदि को बैठाना आवश्यक समझा गया। इससे पन्थ में स्थिरता और धारावाहिकता के बने रहने की अधिक सम्भावना जान पड़ी। लेकिन गुरु अर्जुन के बाद तीन गुरुओं ने साहित्यिक माध्यम का सहारा शायद नहीं लिया। उन्होंने पन्थ के संघटन और बाहरी शक्तियों द्वारा उत्पन्न की गई परिस्थितियों से संघर्ष की तैयारी में पूरी शक्ति लगाई। चौथी पीढ़ी में गुरु तेगबहादुर हुए जो कवि भी थे और आत्मबलिदानी भी। उन पर भी मुगल शासकों ने अत्याचार किए। इस बलिदान ने मुगल शक्ति के पतन का ही मार्ग प्रशस्त किया। उन्हीं के पुत्र हुए अप्रतिम वीर, अनुपमेय योद्धा और अत्यन्त सहृदय कवि गुरु गोविन्दसिंह। इनकी सहृदयता, उच्च विचार और अद्भुत संगठन-शक्ति ने इतिहास की दिशा बदल दी।

गुरु नानक के बाद साहित्यिक प्रतिभा और संगठनात्मक शक्ति की दृष्टि से और भावी सिक्ख संघटन को दुर्जेय बनाने की दृष्टि से भी सर्वाधिक श्रद्धेय गुरु दो हुए। एक तो पाँचवें गुरु श्री अर्जुनदेव और दूसरे दसवें गुरु श्री गुरु गोविन्दसिंह। दोनों बहुमुखी प्रतिभा के धनी थे। हम इन दोनों महान् गुरुओं का स्मरण कुछ अधिक विस्तार से करने जा रहे हैं।

गुरु अर्जुनदेव द्वारा ग्रन्थ साहिब का सम्पादन

ग्रन्थ-सम्पादन कार्य का अर्थ आधुनिक युग में वैज्ञानिक अध्ययन का रूप ले चुका है। छापे की मशीन के प्रचार और यातायात की आधुनिक व्यवस्था ने इस कार्य को इस रूप में सम्पन्न करने में सहायता दी है। आज के ग्रन्थ-सम्पादक का मुख्य उद्‌देश्य यह होता है कि वह अधिक-से-अधिक शुद्ध रूप में मूल लेखक के पाठ को उपस्थित कर सके। इसके लिए वह यथासाध्य सारी उपलब्ध हस्तलिखित सामग्री का संकलन करता है। उनको काल-क्रम से सजाता है, उनकी वंश-परम्परा निश्चित करता है अर्थात् यह जानने की कोशिश करता है कि कौन-सी प्रति किस प्रति से नकल की गई है और वह आदर्श प्रति किस प्रति से नकल की गई होगी। वह ऐतिहासिक तथ्यों पर ध्यान रखता है। प्रतियों में पाई जानेवाली गलतियाँ भी उसे कुछ-न-कुछ सहायता पहुँचाती हैं, छूटे हुए अंश भी उसे कुछ इशारा करते हैं, हाशिए पर लिखी बातें भी उसके काम की सिद्ध होती हैं। पूरी सावधानी और विवेक के साथ वह मूल पाठ के उद्धार की बात सोचता है और फिर पाठक को बताता है कि अन्य उपलब्ध प्रतियों में क्या पाठ मिलता है। आधुनिक युग के पूर्व आज के साधन मौजूद नहीं थे। फिर भी यह नहीं समझना चाहिए कि विद्वानों ने मूल पाठ को सुरक्षित रखने और शुद्ध पाठ के प्राप्ति करने का कोई यत्न ही नहीं किया। हमारा देश तो इस विषय में बहुत सावधान रहा है। आज से कई हजार वर्ष पहले वेदों में केवल शुद्ध पाठों को सुरक्षित रखने का ही प्रयास नहीं किया गया,

उसके एक-एक अक्षर को शुद्ध रूप में कैसे उच्चरित किया जाए इसकी भी व्यवस्था की गई। महत्त्वपूर्ण ग्रन्थों के एक-एक अक्षर गिन-गिन लिखे गए थे। यदि किसी वर्ग-विशेष में किसी अक्षर के उच्चारण का ढंग भिन्न प्रकार का था तो उसे भी सावधानी से याद रखा गया था। बौद्ध-साहित्य के संकलन के लिए कई-कई बार विद्वान् और प्रबुद्ध भिक्षुओं की संगीतियाँ बुलाई गई थीं और बुद्ध बचन का यथासाध्य शुद्ध रूप में संग्रह करने का प्रयास किया गया था। कुछ बाद में जैन वाङ्मय के संकलन और संरक्षण के लिए भी इस प्रकार के प्रयत्न हुए थे। और भी उदाहरण दिए जा सकते हैं जिनसे सिद्ध होता है कि शुद्ध और अवितथ पाठ प्राप्त करने की चेष्टा इस देश में दीर्घ काल से होती आई है।

कठिनाई लोकप्रिय भजनों, गानों, कविताओं आदि के संग्रह में होती है। जो बात विद्वानों तक ही सीमित रहती है उसकी देखभाल भी ठीक से हो सकती है, परन्तु जो बात हर आदमी की जबान पर घूमने लगती है उसके मूल रूप को सुरक्षित रखना कठिन हो जाता है। साधारण जनता को काम से काम होता है। कोई एकाध पंक्ति छूट भी गई, बढ़ भी गई, बदल भी गई तो उससे विशेष कठिनाई का आभास नहीं होता। मध्ययुग के महान् सन्तों की वाणी जनता के लिए ही कही गई थी और जनता ने उसे पूर्ण रूप से स्वीकार भी किया। उसने बिलकुल परवा नहीं की कि मूल पाठ हू-ब-हू कैसा था। आजकल जो लोग सन्तों की वाणी के सही पाठ को जानने का प्रयत्न करते हैं वे जानते हैं कि यह कितना कठिन काम है। इस पृष्ठभूमि में यदि गुरु अर्जुनदेव के प्रयत्नों को रखकर देखें तो आश्चर्य होगा कि किस प्रकार उन्होंने आज से कोई पौने चार सौ वर्ष पूर्व एक महान् और सफल ग्रन्थ के सम्पादन का कार्य किया था। संस्कृत, पालि और प्राकृत में किए गए प्रयत्नों के बाद देशभाषा में किया गया यह प्रयत्न केवल प्रमुख ही नहीं, बल्कि अपूर्व भी है। इसके लिए न तो पूर्ववर्ती आचार्यों की कोई परम्परा थी और न किसी विशाल संगीत का ही आयोजन किया गया था। डॉक्टर जयराम मिश्र ने हिन्दी में नानकवाणी का सम्पादन और अनुवाद किया है। उन्होंने इस ग्रन्थ की भूमिका में कहा है—"श्री गुरुग्रन्थ साहिब 1430 पृष्ठों का बृहत्काय ग्रन्थ है। इसका संकलन सिक्खों के पाँचवें गुरु अर्जुनदेव ने सन् 1604 ईस्वी में किया था। गुरु अर्जुनदेव ने प्रथम पाँच गुरुओं की वाणी के अतिरिक्त बहुत-से प्रभावशाली भक्तों की वाणियाँ भी संगृहीत की हैं। हाँ, उनके संग्रह में

एक बात अवश्य है कि वे वाणियाँ सिक्ख गुरुओं की विचारधारा के अनुरूप हैं। जयदेव, नामदेव, विलोचन, परमानन्द, सदना, बेनी रामानन्द, धन्ना, पीपी, सेन, कबीर, रबदास (रविदास या रैदास), मीराबाई, फरीद, भीखन, सूरदास (मदनमोहन) की ये वाणियाँ हैं। भक्तों के अतिरिक्त कुछ भट्टों की भी रचनाएँ हैं। भट्टों के नामों की संख्या में विद्वानों में मतभेद है। ट्रम्प ने 15 भट्टों के नाम की सूची दी है। गोकुलचन्द नारंग ने ट्रम्प के नामों की पुनरावृत्ति की है। मोहनसिंह ने केवल बारह नाम गिनाए हैं। साहबसिंह के मत से इनकी संख्या 11 हैं और शेरसिंह ने 17 नाम गिनाए हैं। इनके अतिरिक्त सुन्दर का 'रामकली सद', मरदाना की वाणी और सचावलवंड की वाणी श्री गुरुग्रन्थ साहिब में संगृहीत हैं। गुरु तेगबहादुर महला 9 (नवें गुरु) के पद बाद में पाँच गुरुओं के बाद रखे गए हैं। इस विवरण से सहज ही अनुमान किया जा सकता है कि गुरु अर्जुनदेव ने कितना बड़ा कार्य हाथ में लिया था। इसके सम्पादन में बड़ी सावधानी बरती गई है। इस विशाल ग्रन्थ के सम्पादन में कितने धैर्य, अध्यवसाय और सूझबूझ की आवश्यकता हुई होगी, यह आसानी से समझा जा सकता है। पिनकाट के अनुसार इस महान् ग्रन्थ में 3384 शब्द और 15575 बन्द हैं। इनमें 6204 बन्द स्वयं पाँचवें गुरु श्री अर्जुनदेवजी के हैं। सारे ग्रन्थ में कुल 31 रागों के पद हैं जिनमें आदिगुरु ने 19 रागों का प्रयोग किया है।"[1]

कितने दिनों में यह कार्य सम्पन्न हुआ होगा ? डॉ. वर्गपाल मैनी ने 'श्री गुरुग्रन्थ साहिब : एक परिचय' नामक पुस्तक में एक कहानी दी है जो इस सम्बन्ध में कुछ जानकारी देती है। वे लिखते हैं कि दशम गुरु के दिवान भाई गुरुबख्शसिंह छिब्बर की वंश-परम्परा में भाई केशरसिंह छिब्बर ने सं. 1826 में वंशावली नामा (दसाँ पादशाहियाँ दा) लिखा जो अब तक खालसा कॉलेज, अमृतसर के शोध-विभाग में अप्रकाशित रूप में उपलब्ध है। उससे ये तथ्य ज्ञात होते हैं—सं. 1646 के आषाढ़ से लेकर सं. 1658 तक ग्यारह वर्ष तक गुरु अर्जुनदेव ने (भाई गुरुदास की निगरानी में) भाई सत्तदास, हरिया, सुक्खा और मनसाराम की वाणी लिखवाई और उसे क्रमबद्ध किया, यह सारा कार्य भाई गुरुदास की निगरानी में हुआ,

1. विद्वान् डॉ. तारनसिंहजी ने गुरुग्रन्थ रत्नावली में बताया है कि "श्री गुरुग्रन्थ साहिब का प्रथम संकलन, श्री अमृतसर में रामसर के रमणीय तट पर श्री गुरु अर्जुनदेवजी द्वारा, सन् 1601 में प्रारम्भ करके 1604 में, निरन्तर तीन वर्ष के परिश्रम से पूर्ण किया गया। इस पुण्य संकलन-कार्य में पुस्तक-लेखन का भार भाई गुरुदासजी ने वहन किया।"

क्योंकि गुरु अर्जुनदेव इन ग्यारह वर्षों में कार्यवश बाहर भी जाते रहे थे। इसके बाद सारी वाणी को गुरु ने स्वतः भाई गुरुदास से लिखवाया। इसमें तीन वर्ष लग गए। इस प्रकार ग्रन्थ के निर्माण में चौदह वर्षों का समय लगा। यह बात विश्वसनीय लगती है।

सुप्रसिद्ध विद्वान् डॉ. तारनसिंहजी ने गुरुग्रन्थ रत्नावली में बताया है कि ''सम्पादित रूप में श्री गुरुग्रन्थ साहिब की वाणी तैंतीस खंडों में विभक्त है। प्रथम खंड में आदिगुरु श्री नानकदेवजी की वाणी संकलित है। प्रथम खंड भी पुनः दो भागों में विभक्त है। एक भाग में आदिगुरु की प्रसिद्ध कृति 'जपु' है तथा अन्य भाग में समस्त श्री गुरु ग्रन्थसाहिब में विकीर्ण उनकी रचनाओं को पुनः उद्धृत करने से निष्पन्न हुआ संग्रह है। अन्तिम खंड अर्थात् तैंतीसवाँ खंड प्रकीर्णक है। इसमें 'श्लोक' तथा भाटों के सवैये इत्यादि संगृहीत हैं। अवशिष्ट इकतीस खंडों का नामकरण रागों के नामों

''श्री गुरु अर्जुनदेव सिक्ख सम्प्रदाय के पंचम गुरु थे। उनकी अपनी रचनाओं के आन्तरिक साक्ष्य तथा अन्य ऐतिहासिक साक्ष्य के बल से यह विश्वासपूर्वक कहा जा सकता है कि गुरु अर्जुनदेव को अपने पूर्वगामी चार गुरुओं की वाणी पूर्ण शुद्ध, निर्दोष रूप में प्राप्त थी। उनकी अपनी कृति भी, जो समस्त ग्रन्थ साहिब के अर्ध भाग से कुछ अधिक है, शुद्ध रूप में उनके समीप विद्यमान थी। उनसे पूर्व सहंसर रामजी ने श्री गुरु अमरदासजी की देख-रेख में प्रथम तीन गुरु महाराजों की वाणियों को दो खंडों में संचित किया था। वे खंड बाबा मोहनजी की पोथियों के नाम से प्रसिद्ध थे। श्री गुरु अर्जुनदेवजी ने उन दोनों पोथियों का अवलोकन किया। यह सूचना मिलने पर कि सिंहलदीप में 'प्राण संगली' नामक एक पुस्तक विद्यमान है, उन्होंने उसको भी देखा। इसके अतिरिक्त उस काल तक गुरु-वाणी के संकलन की दिशा में जो अन्य प्रयत्न हो चुके थे, उन्होंने उन सबके फलों का लाभ प्राप्त किया। इस प्रकार गुरु-वाणी के संकलन की दिशा में जो अन्य प्रयत्न हो चुके थे, उन्होंने उन सबके फलों का लाभ प्राप्त किया। इस प्रकार गुरु-वाणी के सम्पादन के लिए अपेक्षित सामग्री के सम्बन्ध में पूर्णतया निश्चिन्त एवं निस्सन्देह होकर उन्होंने अपने पूर्ववर्ती गुरुओं तथा अपनी वाणी का संकलन किया।

''श्री गुरुग्रन्थ साहिब में संकलित भारतीय पन्द्रह महान् सन्तों की वाणी का संग्रह भी आप्त पुरुषों के प्रयासों से सम्पन्न हुआ था। सन्त-वाणी के इस संग्रह का प्रारम्भ श्री गुरु नानकदेवजी से ही हुआ। वे अपने यात्रा-प्रसंग में इस कार्य को भी करते रहते थे। श्री गुरुग्रन्थ साहिब के सम्पादन में संलग्न श्री गुरु अर्जुनदेव जी ने भी सन्त-वाणी का कुछ भाग संचित किया। एक अनुश्रुति के अनुसार श्री गुरु अर्जुनदेवजी ने सन्देश भेजकर अपने काल के महापुरुषों को अपनी रचनाएँ उनके पास भेजने या भिजवाने की प्रेरणा दी थी।

''गुरु-गृह के निकटवर्ती व्यक्तियों तथा श्रद्धालु भक्तों की कृतियाँ अपने मूल एवं शुद्ध रूप में श्री अर्जुनदेवजी के पास विद्यमान थीं ही इस प्रकार श्री गुरुग्रन्थ साहिब की यह विशिष्टता है कि इसमें जो रचना संगृहीत है वह उसके स्रष्टा के मुख से उच्चरित मूल, अतः शुद्ध रूप में सुरक्षित है।''

के अनुसार किया गया है। वे ये हैं—सिरी, राग माझ, गउड़ी, आसा, गूजरी, देव गन्धारी, बिहागड़ा, वडहंसु, सोरठि, घनासरी, जैतसिरी, टोडी बैराडी, तिलंग, सूही, बिलावलु, गौंड रामकली, नठ-नराइन, भाली गउड़ा, मारू, तुखारी, केदारा, भैरव, बसन्त, सारंग, मलार, कानड़ा, कलिआन, प्रभाती और जैजावन्ती। इनमें से अधिकांश राग शास्त्रीय हैं और कतिपय देशीय।" (पृ. 21)

वर्षों के अथक परिश्रम और विवेकपूर्ण अध्यवसाय से यह महान् ग्रन्थ इस रूप में आया। गुरु अर्जुनदेव स्वयं बहुत उत्तम कोटि के कवि थे, उनकी दृष्टि उदार और सारग्राही थी। उन्होंने केवल गुरुओं की वाणी का ही संकलन-सम्पादन नहीं किया, अन्य सन्तों और भक्तों की वाणियों को भी स्थान दिया। उनके इस उदार और विवेकयुक्त कार्य का परिणाम यह हुआ कि हमें आज अनेक भक्तजनों की वाणी उपलब्ध है। पाठ के प्रति ऐसी सावधानी बरती गई है कि विश्वास के साथ कहा जा सकता है कि मध्ययुग का कम-से-कम एक ग्रन्थ ऐसा है जिसके पाठ में सन् 1604 ई. के बाद कोई रत्ती-भर भी इधर-उधर नहीं हुआ। हम विश्वास के साथ अनेक महान् भक्तों की वाणी का वह रूप ज्यों-का-त्यों पाते हैं जो कम-से-कम पौने चार सौ वर्ष पहले ठीक वैसा ही उपलब्ध था। दसवें गुरु के समय में इसमें कुछ और भी जोड़ा गया। उस समय तक श्री गुरुग्रन्थ साहिब की अनेक प्रतिलिपियाँ हो चुकी थीं। गुरु गोविन्दसिंहजी ने अपने पिताश्री गुरु तेगबहादुरजी की रचनाएँ, ईस्वी सन् 1705 में, श्री दमदमा साहिब में रहकर स्वयं श्री गुरु गुरुग्रन्थसाहिब में सम्मिलित कीं और ग्रन्थ का पूर्ण संकलन प्रस्तुत किया। श्री गुरुग्रन्थ साहिब का यह संकलन अन्तिम एवं परिपूर्ण संकलन था। अनुश्रुति है कि बाबा दीपसिंहजी ने इस परिपूर्ण संकलन की प्रतिलिपियाँ कीं तथा करवाईं और उनको सिक्ख सम्प्रदाय के विभिन्न पीठों में भेजा। इस प्रकार गुरु अर्जुनदेव के सम्पादन को गुरु गोविन्दसिंह ने अन्तिम रूप दिया। अपने तिरोधान के समय श्री गुरु गोविन्दसिंह ने श्री गुरुग्रन्थ साहिब के इस सम्पूर्ण रूप को ही गुरु-गद्दी पर प्रतिष्ठित किया और वैयक्तिक गुरुता के क्रम को समाप्त कर दिया। (गुरुग्रन्थ रत्नावली, पृ. 217)

आज का ग्रन्थ-सम्पादन औत्सुक्य और सम्पादन पर आधारित है। आज के विद्वान् का प्रधान लक्ष्य यह है कि ग्रन्थ का मूल रूप, अनुस्वार-विसर्ग समेत, कैसा था वह ढूँढ़ निकाले; गुरु अर्जुनदेव का उद्देश्य इससे

बड़ा था। यह आध्यात्मिक था। गुरु की वाणी ही उनका चिन्मय रूप है। वह मृण्मय रूप से अधिक यथार्थ, अधिक श्रद्धेय है। मृण्मय रूप मिट्टी के बने नश्वर शरीर को कहते हैं, जबकि चिन्मय रूप उनके ज्ञानमय चैतन्य को कहते हैं जो कभी नष्ट नहीं होता। इस वाणी को यथायथ रूप में सुरक्षित रखने का अर्थ है गुरु के ज्ञानमय रूप को अवितथ भाव से सुरक्षित रखना। गुरु महान् द्रष्टा होता है। उसकी वाणी के अर्थ देश-काल की सीमा में बँधे नहीं रहते। ये योग-शुद्ध चित्त द्वारा दृष्ट और अनुभूत वाणियाँ अवस्था-विशेष में नया आलोक देती हैं, नया अर्थ देती हैं; उनका जो अंश हमारी समझ में नहीं आ रहा है उसे निरर्थक कहकर टाल देना अहंकारी चित्त की बहक-मात्र है। उसे सावधानी से बचा रखने से भावी पीढ़ियों को नए सन्दर्भ में नया अर्थ मिल सकता है। आजकल का ग्रन्थ-सम्पादक अपनी बुद्धि पर अधिक भरोसा रखता है। वह अनायास व्याकरण-दोष, सम-सामयिक परिस्थिति-विशेष की देन आदि कहकर मूल वाणी की आलोचना कर सकता है। पर जिसका उद्देश्य आध्यात्मिक है, जिसकी दृष्टि भक्ति-परिप्लुत है, वह ऐसा नहीं करता, वह प्राप्त वाणी को प्राप्त रूप में सुरक्षित रखता है और भावी पीढ़ियों के लिए जीवन्त वाणी की ज्योति छोड़ जाता है।

गुरु अर्जुनदेव के साधु प्रयत्न ने ऐसी ही जीवन्त वाणी को आलोक सुलभ बनाया है।

गुरुवाणी का यह रूप विश्वसनीय है। हर मनुष्य इसके अवगाहन का सुख प्राप्त कर सकता है। गुरु अर्जुनदेव की अगाध निष्ठा, अथक परिश्रम और अद्भुत विवेकबुद्धि का परिचायक यह महान् ग्रन्थ परवर्ती भक्तों की सावधानी के कारण आज हमें ज्यों-का-त्यों उपलब्ध हुआ है। उनके इस प्रयत्न ने जहाँ भारतवर्ष की महान् साधना का निदर्शन हमारे सामने रखा है वहाँ भक्तों के लिए उज्ज्वल ज्ञान-दीप भी सुलभ कर दिया है, जिसके आलोक में हम भवगत् साक्षात्कार कर सकते हैं।

डॉ. तारनसिंह ने बताया है कि 'श्री गुरुग्रन्थ साहिब' की परिसमाप्ति पर मुँदावणी शीर्षक के नीचे श्री गुरु अर्जुनदेवजी का एक छन्द अथवा सम्पादकीय वचन है—

थालु बिचि तिनि वसतु पइओ सतु सन्तोखु वीचारो।
अंम्रित नामु ठाकुर का पइओ जिसका सभसु अधारो।
जे को खावै जे को भुंचै तिस का होइ उधारो।

एहु वसतु तजी नहीं जाई नित नित रखु उरि धारो।
तम संसारू चरन लगि तरीऐ सभु नानक ब्रहम पसारो ॥ 1 ॥

सलोक महला 5

तेरा कीता जातो नाहीं मैंनो जोगु कीतोई।
मैं निरगुणिआरे को गुणु नाही आपे तरस पइओई।
तरसु पइआ मिहरामति होई सतिगुरु सजणु मिलिआ।
नानक नामु मिलै ता जीवाँ तनु मनु थीवै हरिआ ॥ 1 ॥

इस सम्पादकीय वचन में 'थालु' शब्द श्री गुरुग्रन्थ साहिब का व्यंजक है, जो मानवता के लिए आत्मिक, मानसिक, धार्मिक एवं सदाचारिक भोजन से परिपूर्ण है। श्री गुरु अर्जुनदेवजी के विचार के अनुसार इस थाल में चार पदार्थ हैं : 1. सत्य, 2. सन्तोष, 3. विचार, और 4. नाम। श्री गुरु अर्जुनदेवजी का विश्वास है कि यह ग्रन्थ किसी एक देश, एक जाति अथवा एक सम्प्रदाय के लिए नहीं, प्रत्युत समस्त मानवता के लिए एक दिव्य सन्देश है। निस्सन्देह यह विश्वास सही है। श्री गुरुग्रन्थ साहिब मानवता के उच्चतम आदर्शों का प्रतिष्ठापाक महान् ग्रन्थ है।

गुरु गोविन्दसिंह (भक्तवीर)

गुरु गोविन्दसिंह का नाम लेते ही, आज का भारतीय एक अपूर्व गौरव और उल्लास का अनुभव करने लगता है। 'वीर' शब्द के अन्दर जितनी भी गरिमा, परम्परा-क्रम से, हमारे चित्त में संचित है वह सब साकार हो उठती है। पवित्र चरित्र, अडिग उत्साह, अकुंठ साहस, अकृत्रिम औदार्य, अकुतोभय मनोबल, दीन-दुखियों का निश्चित सहाय, अत्याचार का असन्दिग्ध प्रतिरोध, विद्या और तपस्या का नियत संरक्षण और मनोबल का अक्षय भंडार ही 'वीर' है। गुरु गोविन्दसिंह इन सब गुणों के मूर्तिमान रूप थे। कोई आश्चर्य नहीं कि उनके स्मरण-मात्र से आज हम अपने को कृतार्थ मानते हैं। अपने युग के सर्वाधिक शक्तिशाली शासन के अनाचारों के विरुद्ध उन्होंने लोहा लिया था। किस बात पर ? उनके पास कोई संघटित सैन्यशक्ति नहीं थी, शिक्षित सेनानायक नहीं थे। युद्ध करना उनके जीवन का लक्ष्य भी नहीं था। परन्तु एक ऐसी अद्भुत सम्पत्ति उनके पास थी, जो किसी शक्तिशाली सम्राट् के पास नहीं होती। परमात्मा पर अखंड विश्वास, पूर्ण रूप से भगवदर्पित जीवन। यह शरीर अनित्य है। इसके लिए चिन्ता करते रहना मूर्खता है। जिसे ज्ञान का दीपक मिल गया है वह, हाथ पर रखे आँवले के फल के समान, इसकी निस्सारता को समझ जाता है। और वह डरता रहता है जो असार को सार समझता है। गुरु गोविन्दसिंह उस ज्ञानी को ही वीर मानते हैं जो परमात्मा पर अखंड विश्वास रखता है, जो नित्य-तत्त्व को अनित्य-तत्त्व से पृथक् करने का विवेक रखता है।

ऐसा ही वीर कभी धीरज नहीं खोता, भय का शिकार नहीं बनता, और सभी प्रकार की कातरता को इस प्रकार झाड़कर फेंक देता है, जैसे झाड़ू से कूड़ा-कतवार बुहारकर फेंक दिया जाता है—

धन्य जीउ तेहि को जग में मुख तै हरि, चित्त में जुद्ध विचारै।
देह अनित्त न नित्त रहै, जस नाव चढ़ै भवसागर तारै।
धीरज धाम बनाए इहै तन बुद्धि सूँ दीपक ज्यूँ उजियारै।
ज्ञानहि की बढ़नी मनहु हाथ लै कातरता कुतवार बुहारै।

गुरु गोविन्दसिंह आध्यात्मिक जगत् के सन्त थे। बहुत लोगों के गले के नीचे आध्यात्मिकता और वीरता का सम्बन्ध नहीं उतर पाता। वे समझते हैं कि वीरता तो मार-काट और लड़ाई-झगड़े में प्रकट होती है। जो अध्यात्म-तत्त्व का अन्वेषी है, उससे इसका क्या सम्बन्ध है ? अपने देश की उज्ज्वल परम्परा से अपरिचित होने के कारण ही ऐसा प्रश्न मन में उठता है। भारतीय परम्परा में आध्यात्मिक नेता ही सच्चा वीर होता है। हर सन्त ने साधना में वीरभाव की आवश्यकता अनुभव की है। हम जिन्हें अवतार मानकर पूजते हैं, वे वीर साधक थे। श्री रामचन्द्र ने युद्ध करके अत्याचारी असुर का विध्वंस किया था। भगवान श्रीकृष्ण ने, अर्जुन को युद्ध करने के लिए उत्साहित किया था, और सही अर्थों में महाभारत-युद्ध के वे ही नेता थे। जैन तीर्थंकर को 'महावीर' कहा गया है। 'जिन' शब्द का अर्थ ही है जीतनेवाला। बौद्ध लोग भी भगवान बुद्ध को 'जिन' (विजेता) कहते थे। वस्तुतः वीरता लड़ाई-झगड़े में नहीं, अन्याय और अत्याचार के विरुद्ध अविचल उत्साह से जूझने के प्रयत्न में प्रकट होती है। तन्त्र-साधना के उत्तम साधक को वीर कहा जाता है। हर मार-काट करनेवाला वीर नहीं होता। लड़ाई-झगड़ा तो अत्याचारी भी करता ही है, गुंडे और शोहदे भी लाठी भाँजते ही हैं, पर वे वीर नहीं होते। सच्चा वीर सदा आध्यात्मिक तेज से दीप्त होता है। वह शस्त्र चलाने के लिए शस्त्र नहीं चलाता। उसका प्रधान लक्ष्य दीन-दुखियों की रक्षा, अन्याय का प्रतिरोध और अनीति का दमन होता है। शस्त्र उसका साधन-मात्र होता है। गुरु गोविन्दसिंहजी ऐसे ही महान् वीर साधक थे। वे उस तलवार की जय-जयकार करते हैं जो दुष्टों का दमन करे, अन्याय का उच्छेद करे और सृष्टि की रक्षा करे—

खग खण्ड विहण्डं खल खल खण्डं
अति रण मण्डं बरबण्डं

भुज दण्ड अखण्डं तेज प्रचण्डं
ज्योति अमण्डं भान प्रमं
सुख संता करणं दुरमति दरणं
किलविख हरणं असि सरणं
जय जय जग कारण, सृष्टि उबारण
मम प्रति पारण जय तेगं ॥

सो, जो शस्त्र सन्त को सुख देनेवाला, दुर्मति का दलन करनेवाला, किल्विष या असत् आचरण का नाश करनेवाला, जगत् की स्थिति का रक्षक और संसार का उद्धार करनेवाला है, वही शस्त्र वांछनीय है।

गुरुजी सच्चे कर्मयोगी थे। महान् गुरु वह होता है, जिसके सम्पर्क में आनेवाला महान् बनता है। उसके भीतर का सुप्त देवता जागता है। गुरु गोविन्दसिंह के सम्पर्क में आनेवाले साधारण अशिक्षित मनुष्यों में अद्‌भुत शक्ति आ गई। किसी ने कल्पना भी नहीं की थी कि इन दीन-हीन लोगों में ऐसा अतुल पराक्रम आ जाएगा। यह कहना आंशिक रूप से ही सत्य है कि उनके शिष्य शत्रु-संहारक योद्धा बन गए। वस्तुतः उनका काया-कल्प हुआ। उनमें अपार आध्यात्मिक शक्ति जाग्रत हुई। उन्होंने भयंकर मृत्यु-यातना को भी तुच्छ समझा। अन्याय के घिनौने और विकराल रूप देखकर वे रंचमात्र भी विचलित नहीं हुए। गरीबों और बेबसों पर उन्होंने भूलकर भी हाथ नहीं उठाया। अत्याचारी की विकट भृकुटि से वे जरा भी नहीं डरे। कहाँ से आई यह अपार शक्ति ? निस्सन्देह यह महान् गुरु के आध्यात्मिक स्पर्श का परिणाम था। महान् गुरु जो पारस के समान होता है, जिसका स्पर्श पाते ही हर लोहा सोना हो जाता है। गुरुजी ने पतितों और दलितों को ऊपर उठाया। अनाथों को सहारा दिया और उनमें प्राण-शक्ति संचारित की। यह इतिहास एक जादू के करिश्मे-जैसा लगता है। जिस महान् गुरु ने अपमानित, दलित और अत्याचारियों को भी धूल से उठाकर देवता बना दिया, उसके नाम से यह देश उल्लास और कृतज्ञता के साथ झूम उठता है, इसमें आश्चर्य ही क्या है !

उनके व्यक्तिगत जीवन की ओर देखकर चकित होना पड़ता है। अपने अत्यन्त निकट प्रियजनों को बलिवेदी पर चढ़ते देख किस मनुष्य की छाती नहीं फट जाएगी ! परन्तु गुरु गोविन्दसिंह थे कि वे वज्र से भी कठोर सिद्ध हुए। जो मनुष्य किसी के रंचमात्र दुःख को देखकर भी पिघल जाता था, उसी ने ऐसी निदारुण वेदना को अम्लान भाव से कैसे सह लिया ?

कितना विशाल दृश्य वह रहा होगा, कितना शक्तिशाली ! भवभूति ने रामचन्द्रजी के बारे में जो कहा था, वह गुरुजी के बारे में सोलह आने सही उतरता है—

वज्रादपि कठोराणि मृदूनि कुसुमादपि।

तुलसीदासजी ने इसी बात को इस प्रकार कहा था—

कुलिसहु चाहि कठोर, अति, कोमल कुसुमहु चाहि।
चित खगेस सुन राम कर, बरनि सकै को ताहि॥

गुरु गोविन्दसिंहजी के पावन वीरत्वमय जीवन को देखकर यही बात कहनी पड़ती है। निस्सन्देह वे अवतारी पुरुष थे।

धन्य है वह देश, जहाँ गुरु गोविन्दसिंहजी उत्पन्न हुए थे। वे महान् सन्त और महान् वीर थे। उन्होंने इस देश की जनता की अपार शक्ति का उद्घाटन किया था। उनका स्मरण करके हम आज भी नई प्रेरणा और शक्ति पा सकते हैं, पा रहे हैं।

गुरुजी महान् सन्त थे। परिस्थितियों ने उन्हें शस्त्र ग्रहण करने की चुनौती दी। उन्होंने उसे स्वीकार किया। इतिहास के पंडितों ने आश्चर्य के साथ देखा है कि गुरु गोविन्दसिंह ने अद्भुत चमत्कार कर दिखाया। जनता निराश थी, उसमें किसी प्रकार का आत्मसम्मान नहीं रह गया था। अत्याचार और अनाचार को भाग्य का दोष कहकर स्वीकार कर लिया था। ऐसे ही लोगों में उन्होंने महान् शूरवीर पैदा कर दिए। मृत्यु के भय को मानो मन्त्र के बल से उड़ा दिया। सिर हथेली पर रखकर इन वीरों ने अन्याय को ललकारा, और देखते-देखते इतिहास पलट दिया। इतिहास में ऐसी अघटित घटना कम ही देखी गई है। काल के रथ-चक्र को इस प्रकार मोड़ देना, गुरुजी की ही करामात थी। इतिहास का पंडित इसका कारण नहीं खोज पाता। वह अनुमान और अटकल का सहारा लेता है। परन्तु कारण स्पष्ट है। वे कालातीत अर्थात् अकाल-तत्त्व के संस्थापक थे। वे उस दुनिया में विचरते थे, जहाँ काल स्तब्ध है। वह अकाल-पुरुष का लोक है। उसके इंगित से ही सीमाबद्ध काल रूप ग्रहण करता है। इसी निराकार, रूपहीन नित्य-शक्ति की महिमा में उनका विश्वास था। ऐसे महापुरुष ही काल की गति को अपने इशारे से मोड़ दिया करते हैं। गुरुजी ने काल को खड्गपाणि के रूप में स्मरण किया और वह खड्गपाणि बन गया। उन्होंने इतिहास को अपने इंगित पर मोड़ दिया। यह उनकी विराट आध्यात्मिक शक्ति का ही निदर्शक है। गीता में भगवान श्रीकृष्ण ने इसी

बात की ओर यह कहकर इशारा किया था—

यदा यदा हि धर्मस्य ग्लानिर्भवति भारतः।
अभ्युत्थानम् धर्मस्य तदात्मानं सृजाम्यहम्॥
परित्राणाय साधूनां विनाशाय च दुष्कृतां।
धर्म संस्थापनार्थाय सम्भावामि युगे युगे॥

'हे अर्जुन ! जब-जब धर्म का ह्रास होता है, और अधर्म सिर उठाता है तब-तब साधुओं की रक्षा और दुष्टों का दमन और धर्म की स्थापना के लिए मैं अपने-आपको मनुष्य-रूप में प्रकट करता हूँ।'

गुरुजी का प्रादुर्भाव इसी प्रयोजन के लिए हुआ था। उनके माध्यम से महान् चराचर शक्ति ही काम कर रही थी। इसीलिए वे इतिहास को मोड़ने में समर्थ हुए।

निरेकम नित्यं निरुयं प्रवाणं
कलं कारणेयं नमो खड्गषाणम्।

गुरु गोविन्दसिंह का जीवन-दर्शन

गुरु गोविन्दसिंह के जीवन और उनकी उपलब्धियों को देखकर बहुत लोग उन्हें योद्धा सन्त कहते हैं। निस्सन्देह उन्होंने युद्ध किए और अपने अनुयायियों में युद्ध का उत्साह भरा। परन्तु युद्ध किसलिए, क्या हिंसा के लिए ? अपनी अहंकारी आकांक्षा की तृप्ति के लिए ? विश्वविजयी बनने की महत्वाकांक्षा के लिए ? विशाल साम्राज्य का अधीश्वर बनने की दुर्दम लालसा के लिए ? बिलकुल नहीं।

गुरुजी स्वयं कवि थे—अपने संवेगों और आवेगों को मूर्त-रूप देने में समर्थ, अपने चिन्तन और मनन को सम्प्रेष्य बनाने में कुशल। कहीं भी या कभी भी उन्होंने धन-धरती पाने के लिए या भौतिक सम्पदाओं को हस्तगत करने के उद्देश्य से युद्ध का आह्वान नहीं किया। युद्ध तभी उचित कहा जा सकता है, जब वह मनुष्य के उन समस्त सद्गुणों के उद्बोधन के लिए हो और मनुष्यता की उस अपार महिमा के संरक्षण के लिए हो जो पीढ़ियों की तपस्या, त्याग और बलिदान द्वारा गौरवान्वित है।

गुरुजी ने मनुष्य की समानता पर बल दिया है, त्यागमय जीवन का आदर्श और प्रेममय कर्म की प्रेरणा दी है—'साँच कहौं सुनि लेहु सबै जिन प्रेम कियो तिन ही प्रभु पायो।'

जो कर्म निषेधात्मक उपलब्धियों के लिए किया जाता है वह गुरुजी का काव्य नहीं है। उनका 'प्रेम' विधेयात्मक उपलब्धि है। वह प्रभु को सर्वात्मना आत्मसमर्पण का ही नामान्तर है। गुरुजी के काव्य से स्पष्ट होता

है कि निरन्तर संघर्ष का उद्देश्य वासनाओं का दमन या जड़त्व का अन्वेषण नहीं है। वह वासनाओं का कुछ ऐसा उन्नयन है जो सारे संसार के दुःख और आह्लाद को अपना आह्लाद समझने की दृष्टि देता है। क्रोध हो, अमर्ष हो, विजिगीषा हो, जब समस्त विश्व के हृत्स्पन्दन के साथ एकतान हो जाता है तो वह धर्मबल बन जाता है। यह तलवार भाँजने से सिद्ध नहीं होता, आँख मूँदकर भजन करने के बहाने से भी नहीं, तर्क और वाग्विलास से भी नहीं। यह काम हृदय के अन्तर्हित प्रेम से सिद्ध होता है। प्रेम, जो ज्ञान से चालित हो और श्रद्धा से अनुगमित हो। गुरुजी का प्रेम इसी आदर्श से चालित है।

जिसे यह प्रेम सिद्ध हो गया है, वह न किसी से डरता है न किसी को डराता है। गुरुजी का सम्पूर्ण जीवन और सम्पूर्ण काव्य इसी महान् आदर्श से चालित है, वह हताश मनुष्य को तनकर खड़ा कर देने का मन्त्र है। वह कथनी और करनी को एक कर देने की प्रेरणा है, वह क्षुद्रता का बन्धन काटने का खड्ग है। वह साम्प्रदायिक संकीर्णता, जातीय भेदभाव और मदोद्धत शान-शौकत का विरोध करता है। वह जड़-सम्पत्ति के मोह पर कसके किया गया कशाघात है और मनुष्य की सर्वोत्तम उपलब्धियों की रक्षा का सन्देश है।

गुरु गोविन्दसिंह ने किसी छोटे उद्देश्य से तलवार नहीं उठाई थी, उन्होंने देह की, भौतिक सम्पदा की अनित्यता और कालातीत महाअकाल की नित्यता पर बार-बार बल दिया है। पर वे ऐसे ज्ञान की महिमा में विश्वास करते हैं, जो कातरता के कूड़े साफ करता है, बुद्धि को ऐसे दीपक की ज्योति देता है जो नश्वर पदार्थों से अविनश्वर आत्मा को स्पष्ट रूप में पृथक् दिखा सकता है और मनुष्य को कभी भी, किसी भी अवस्था में उतावला और डरपोक नहीं बनने देता, जो मन को काबू में रखता है और भुर्जाओं को अन्याय के प्रतिकार के लिए सचेष्ट रखता है।

धन्य जीउ तेहि को जग में मुख तै हरि चित्त में जुद्ध विचारै।
देह अनित्त न नित्त रहै, जस नाव चढ़ै भवसागर तारै॥
धीरज धाम बनाए इहै तन बुद्धि सूँ दीपक ज्यूँ उजियारै।
ज्ञानहि की बढ़नी मनहु हाथ लै कातरता कुतवार बुहारै॥

वे मानते थे कि समस्त परिदृश्यमान जगत्प्रपंच काल का परिणाम है—ब्रह्म भी, विष्णु भी, शिव भी, योगी भी और सिद्ध, गन्धर्व नाग, यक्ष तथा असुर भी। इस समित कालपरिणामी जगत्-प्रपंच में काल के परे केवल

एक नित्य विराजमान शाश्वत तत्त्व अकाल है—'और सुकाल सबै बस काल के एक ही काल अकाल सदा है !'

'अकाल उस्तुत' गुरुजी का लिखा हुआ बहुत शक्तिशाली स्तोत्र है। उपनिषदों से लेकर परवर्ती स्तोत्र-ग्रन्थों में सर्वज्ञ परमात्म तत्त्व को दो प्रकार से समझने की प्रथा रही है : तद्-व्यावृत्ति रूप में अर्थात् समस्त ज्ञान और अनुभूत पदार्थों से उसे भिन्न कहना—वह यह भी नहीं है, वह भी नहीं है, ऐसा भी नहीं है, वैसा भी नहीं है—नेति नेति नेति। फिर अतद्-व्यावृत्ति रूप में अर्थात् समस्त ज्ञात और अनुभूत पदार्थ अभिन्न है—वह यह भी है, वह भी है, ऐसा भी है, वैसा भी। अकाल उस्तुत में दोनों पद्धतियाँ मिल जाएँगी, परन्तु उसमें कुछ विशेष भी है। जो बात दूसरे समसामयिक पूर्ववर्ती महात्माओं की स्तुतियों में नहीं मिलती या उतने बल के साथ नहीं पाई जाती, उसे 'अपूर्वता' कहते हैं। अपूर्वता से ही स्तोत्रकार की विशेष दृष्टि का पता चलता है। अकाल-महिमा के इस स्तोत्र में गुरु गोविन्दसिंह ने बार-बार परमात्मा-शक्ति के 'दुर्जन दल मंडल, असुर विहण्डन, दुष्ट निकन्दन', तथा 'दानव प्रहारन, नरक निवारण, अधम उधारन' रूप का स्मरण किया है। केवल स्मरण ही नहीं किया है, बल देकर कहा है। उपसंहार भी उसी रूप के स्मरण से किया—

डामरू डवंकै, बबर बवंकै, भुजा फरंकै तेजवरं।
लंकुडिया फाधै, आयुद्ध बाँधै, सैन बिमर्दन काल असुरं॥

वह सबमें रमा है, सर्वस्वरूप और सर्वनमस्य है—

वन तन महीप जलथल महान्,
जहँ तहँ प्रसोह करुना निधान।
जग मगत तेज पूरन प्रताप
अम्बर जमीन जिहि जपत जाप॥

सब मिलाकर यह महान् स्तोत्र सर्वव्यापी सर्वरूप परमात्मा में अखंड विश्वास और उसकी खलदल-भंजन-शक्ति के प्रति अपूर्व निष्ठा का परिचायक है। इस स्तोत्र से गुरु गोविन्दसिंह का जीवन-दर्शन बहुत स्पष्ट हो जाता है। भगवान पर अखंड विश्वास ही सम्बल है। खलदल-भंजन-शक्ति ही ध्यान का विषय है। निर्भय कर्मनिष्ठा ही सिद्धि है। निर्भीक भाव से अन्यायी से जूझना, दुर्बल की रक्षा में प्राण दे देना, सबसे बड़ा तप है। गुरु गोविन्दसिंह इसके सामने धन-दौलत की तो बात ही क्या, ऋद्धि-सिद्धि को तो तुच्छ समझते हैं—

जो किछु इच्छ करौं धन की तो चलौ धन देसन देस ते आवै।
औ सब रिद्धिन सिद्धिन पै हमरौ नहिं नेकु हिया ललचावै।
और सुनौ कछु जोग बिखै कहि कौन इतौ तप के तन तावै।
जूझ मरौं रन में तजि भै तुम तैं प्रभु श्याम इहै वर पावै।

सो, धन नहीं, ऋद्धि नहीं, सिद्धि नहीं, भोग नहीं, तप नहीं। केवल दुर्बलों की रक्षा में निर्भय होकर प्राण देने की ललक, अन्याय और दुर्नीति के विरुद्ध तनकर खड़ा होने की लालसा, कभी भी शुभ-कर्मों से विचलित न होने का संकल्प और प्रभु को कभी न भूलने की आकांक्षा। यही महान् गुरु गोविन्दसिंह की अपूर्वता है। यह उन्हें सन्त-महात्मा और धर्मगुरुओं से अलग तेजोद्दीप्त पुरुष-सिंह के रूप में अनन्य-साधारण बना देती है।

गुरुजी अपने-आपकी मुक्ति के लिए व्याकुल नहीं दिखते। जिसका मन निरन्तर अकालपुरुष में रमा है, उसकी और मुक्ति हो भी क्या सकती है ? उनका कोमल हृदय दुखियों, अनाथों, दुर्बलों के दुःख से कातर है। उनका दुःख दूर करने के लिए वे दया का भाव नहीं दिखाते, उनमें अपूर्व आत्मविश्वास का भाव पैदा करते हैं, निर्भीक होकर अनाचार से जूझने का संकल्प जाग्रत करते हैं। परमात्मा के 'असुर विहण्डन, खलदल-भंजन' रूप के स्मरण करने का उद्देश्य है, स्मरणकर्ता के मन में उसी प्रतिमूर्ति को उत्पन्न करके तद्रूप बना देना। उन्होंने दुर्बल को बल दिया, हताश को आशा दी, भयग्रस्तों को अभय-मन्त्र दिया। अपूर्व थी वह दृष्टि, अद्भुत था वह संकल्प।

दशम ग्रन्थ

संवत् 1723 की पौष शुक्ला सप्तमी (अर्थात् 26 दिसम्बर 1966 ई.) को पटना में सिक्खों के दसवें गुरु श्री गोविन्दसिंह का जन्म हुआ था। वे जब नौ साल के थे तभी उनके पिता गुरु तेगबहादुर का दिल्ली में शिरश्छेद किया गया था। वह बर्बर कृत्य अमानुषिक था और तत्कालीन मुगल सम्राट की धर्मान्धता और संकीर्णता का प्रत्यक्ष निदर्शन था। मनुष्य की महिमा का विजयोद्घोष करनेवाले महान् इस्लाम को भी इस कृत्य द्वारा अपमानित किया गया था। परन्तु उन दिनों का मुगल शासन मदोद्धत था। उसने सोचा होगा कि नवें गुरु को इस प्रकार धोखा देकर दंडित करने से सिक्खों के उगते हुए प्रताप को ध्वस्त कर दिया जाएगा। पर यह उसकी अदूरदर्शिता ही थी। न उसने महान् इस्लाम को ही गौरवान्वित किया, न वह नवोदित सिक्ख-शक्ति को ही उखाड़ सका। बालक गोविन्दराय के कोमल हृदय पर इस घटना की बड़ी गहरी छाप पड़ी। वे उसी अल्प वय में गुरु-गद्दी पर विराज़े। तूफानों के बीच वे बड़े हुए, तूफानों के बीच ही उन्होंने जीवन-यापन किया, तूफानों से जूझते वे बयालिस वर्ष की कच्ची उमर में अकाल-पुरुष के दरबार में चले गए। हर चोट ने उन्हें नई शक्ति दी, हर झटके ने उन्हें दृढ़तर संकल्प की ओर अग्रसर किया, हर संघर्ष ने उन्हें सुन्दरतर विजय-माल्य पहनाया। स्वभाव से वे सन्त थे, परिस्थितियों ने उन्हें योद्धा बनाया। हृदय से वे कवि थे, परिस्थितियों ने उन्हें बादशाह बनाया। उन्होंने शस्त्र धारण किया, साम्राज्य-स्थापन के लिए नहीं, अन्याय

और अत्याचार के विध्वंस के लिए। उन्होंने कविताएँ लिखीं, वाग्विलास के लिए नहीं, उपेक्षितों और अवमानितों में आत्मविश्वास जगाने के लिए। वे सन्त थे, वे कवि थे, वे लोकनायक गुरु थे। जीवन के उच्चतम आदर्शों को व्यक्तिगत जीवन तक सीमित न रखकर पूरे देश को उन महान् आदर्शों से चालित करने की क्षमता बहुत थोड़े लोगों में होती है। गुरुजी का जीवन व्यक्तिगत साधना तक सीमित नहीं था। उन्होंने देश की दलित मूक-मूढ़ जनता को महान् आदर्शों को अपनाने की प्रेरणा दी और देखते-देखते ऐसे महाप्राण शिष्यों की सेना खड़ी कर ली जो अन्याय और अत्याचार के विरुद्ध वज्र की भाँति दारुण हो गए, प्राणों की आहुति देने में उन्होंने रंचमात्र भी हिचक नहीं दिखाई। अनाचार और अत्याचार के विरुद्ध इस प्रकार का बलिदान संसार के इतिहास में विरल है। जिन लोगों को किसी प्रकार का सहारा नहीं था, जो हर प्रकार से सताए और मारे गए थे, जिनकी शिक्षा-दीक्षा नगण्य थी, ऐसे लोगों में जीवन के उच्चतम आदर्शों की प्रतिष्ठा और उनकी रक्षा के लिए बड़ा-से-बड़ा त्याग करने में ही वे अग्रसर हुए। कहाँ से मिली यह शक्ति ? निस्सन्देह उनके सामने ध्रुवतारा की भाँति जो अटल ज्योति सदा विद्यमान रही वह गुरु गोविन्दसिंह थे। उनका व्यक्तित्व जीवन त्यागमय था, उनका हृदय प्रेमपूर्ण था, उनकी भुजाएँ शक्ति-पुँज थीं, उनकी दृष्टि निर्मल थी और उनकी बुद्धि दृढ़निश्चयी थी। उनके ऊपर जो भी विपत्ति आई उसे उन्होंने हँसते-हँसते झेला। उनके अत्यन्त प्रिय पुत्र को अमानुषिक ढंग से मारा गया था। बड़ा-से-बड़ा वीर उससे विचलित हो सकता था। पर गुरु गोविन्दसिंह थे कि उन्होंने अकुतोभय होकर उसे झेल लिया। सम्पत्ति ने उन्हें लक्ष्यच्युत् नहीं बनाया। विपत्ति ने उन्हें म्लान नहीं किया। श्रीरामचन्द्र के बारे में जो कुछ कहा जाता है वह उन्होंने अक्षरशः सत्य कर दिखाया। वे महावीर सिद्ध हुए। उनके समान निर्मल-चरित्र और अकुतोभय वीर परमात्मा को पाकर कोई भी देश धन्य हो सकता है। भारतमाता को अपने ऐसे पुत्रों पर गर्व होना हर प्रकार से उचित है। वे सन्त थे, साधक थे, वीर थे, और सच्चे गुरु थे। वे उस स्पर्शमणि के समान थे जिसके स्पर्श से हर लोहा सोना हो जाता है।

दशम ग्रन्थ : काव्य भी और धर्मग्रन्थ भी

गुरु गोविन्दसिंह के बारे में जो ऐतिहासिक उल्लेख मिलते हैं उनसे स्पष्ट

है कि वे महान् वीर, अनन्य भक्त और अत्यन्त सुकुमार रुचि के कवि थे। इन विरले गुणों के समन्वय के कारण उनका व्यक्तित्व अनन्य-साधारण हो गया है। भारतवर्ष में विरले लोकनायकों में इन गुणों का समावेश मिलता है। उन्होंने जहाँ देश से पस्तहिम्मती और निराशा के वातावरण को दूर करके अपूर्व आत्मविश्वास और त्याग की परम्परा चलाई, वहीं उन्होंने अपनी कविता के द्वारा अनुयायियों के चित्त को संवेदनशील और कर्तव्यनिष्ठ बनाया। उनकी काव्य-कृति दशम ग्रन्थ है। यह जितना काव्य है उतना ही धर्म-ग्रन्थ भी है।

दशम ग्रन्थ

परम्परा-क्रम से यह दसवें गुरु गोविन्दसिंहजी की कृति माना जाता रहा है। कुछ विद्वानों को इस परम्परालब्ध मान्यता में सन्देह है। कुछ ने आधुनिक अध्ययन-पद्धति से यह सिद्ध करना चाहा है कि इसमें कुछ रचनाएँ तो गुरुजी की हैं, पर कुछ ऐसी भी हैं जो उनके दरबारी कवियों की हैं। हम इस विवाद में पड़ना नहीं चाहते। श्रद्धालु भक्तजन इसे दशमेश की रचना मानते हैं और इस बात में तो किसी को सन्देह नहीं करना चाहिए कि पूरे ग्रन्थ को उनका संरक्षण प्राप्त था। इसे बड़ी श्रद्धा और भक्ति के साथ स्वीकार किया जाता है और धर्म के क्षेत्र में इस श्रद्धा और भक्ति का ही अधिक महत्त्व है। इसमें तो कोई मतभेद नहीं हो सकता कि दशम ग्रन्थ एक अच्छा काव्य है। परन्तु काव्य को धार्मिक साहित्य मानना क्या ठीक है ? जिन लोगों के मन में ऐसा प्रश्न आता है वे लोग काव्य और धार्मिक ग्रन्थ में आवश्यकता से अधिक भेद करने लगते हैं। कम-से-कम भारतीय परम्परा में ऐसा भेद करना या इस पर बहुत अधिक बल देना उचित नहीं जान पड़ता। हमारे देश में धर्मग्रन्थ और काव्य के बीच दुर्लभ दीवार कभी नहीं खड़ी की गई। सच पूछिए तो भारतीय संस्कृति काव्य की संस्कृति है। ऋग्वेद उत्तम काव्य है। फिर भी क्या यह सत्य नहीं है कि भारतीय धर्म, दर्शन, विज्ञान, सबकुछ की प्रेरणा ऋग्वेद से प्राप्त हुई ? इस देश में परमात्मा को भी कवि कहा गया है। यह सारा दृश्यमान जगत् उसी महान् देवता का काव्य बताया गया है : 'पश्य देवस्य काव्यम् न मयार न जीर्यति।' देवता का यह अद्‌भुत काव्य देखो, जो न मरता है न पुराना होता है। रामायण भक्ति-काव्य है। महाभारत वह काव्य है जिसे पाँचवाँ वेद कहा गया है। भगवद्‌गीता भगवान की गाई हुई है।

तुलसीदासजी का रामचरितमानस उत्तम काव्य है। काव्य धर्मसाहित्य से बहिष्कृत तो है ही नहीं, धर्मसाहित्य का उत्तम रूप है। यह ठीक है कि काव्य में—विशेषकर लौकिकतापरक काव्य में—ऐसी भी बातें आती हैं जो धार्मिक साधना की ऊँचाई तक नहीं जातीं पर इसीलिए धार्मिक साहित्य केवल रूखा उपदेश-मात्र होता है, ऐसा नहीं समझना चाहिए। धर्म मनुष्य के सम्पूर्ण जीवन को उन्नत करता है। वह नीरस उपदेश-मात्र नहीं है। अर्थ और काम भी धर्म के अविरुद्ध होकर चरितार्थ होते हैं। गीता में धर्म के अविरोधी काम को भी परमात्मा कहा गया है (धर्माविरुद्धोभूतेषु कामोऽस्मि भरतवर्षम्)। कहने का मतलब यह है कि काव्य होने से कोई ग्रन्थ धार्मिक साहित्य से बहिष्कृत नहीं हो जाता। अगर उसमें मनुष्य को उसकी समग्रता में उन्नत करके आध्यात्मिक धरातल तक ले जाने की शक्ति है जो कोई भी काव्य धार्मिक साहित्य में निस्सन्देह परिगणित हो सकता है। यह सब इसलिए कहना पड़ता है कि कुछ विद्वान् दशम ग्रन्थ को काव्य कहकर उसके महत्त्व को कम आँकने लगे हैं। दशम ग्रन्थ काव्य है, पर ऐसा काव्य जो मनुष्य को इसकी समग्रता में उन्नीत करता है।

आज से तीन सौ वर्ष पूर्व जब समूचा देश पस्तहिम्मती और कायरता का शिकार था, जब जनता कुसंस्कार, परमुखापेक्षा और निराशा से तेजोहीन हो गई थी, जब थोथे कुलाभिमान और झूठी शान से अभिजात वर्ग अन्धा हो रहा था, और आर्थिक, राजनीतिक और आध्यात्मिक गुलामी से साधारण जनता ग्रस्त थी, तब दशम ग्रन्थ की रचना हुई थी। जिन लोगों को उपेक्षित और अवमानित रखा गया था, जिन्हें शिक्षा के नाम पर कुछ पौराणिक कथाओं और कुछ उल्टे-सीधे संस्कार-मात्र उपलब्ध थे, जो सदियों से स्वतन्त्र चिन्तन से अछूते और संस्कार-चालित आचारों से जकड़े हुए थे, उन्हें ही आदर्श जीवन और सत्ता के लिए मर मिटने का संकल्प देना गुरु गोविन्दसिंह का उद्देश्य था। व्यक्तिगत आत्मशुद्धि के स्तर पर सन्तों ने साधारण जनता को जाग्रत करने का प्रयत्न किया था पर सामूहिक रूप से अन्याय से जूझने का प्रयत्न गुरुजी को करना था। इसीलिए दशम ग्रन्थ में उन पौराणिक कथाओं को चुन-चुनकर रखा गया जो ऐसी जनता के परिचित भी थे और अवसरोचित उदात्त भावों को जगाने में समर्थ भी थे।

दशम ग्रन्थ अन्याय के प्रतिकार के लिए, सत्य के लिए, आत्मबलिदान के हेतु और अन्तरतर को परिष्कृत और सरस बनाने के लिए नियोजित काव्य है और काल और देश की सीमाओं के माध्यम से सीमातीत को

हृदयंगम कराने का आध्यात्मिक प्रतीक है। वह महान् भारतीय संस्कृति का कवच है और अध्यात्म-तत्त्व का सक्रिय प्रहरी है। वह बलिदान का मन्त्र है और शुष्क वैयक्तिक साधना के स्थान पर सरस धार्मिक जीवन का सन्देशवाहक है। वह कायरता, भीरुता और नैष्कर्म पर कसके कशाधात है। वह थमी हुई जाति का प्राणप्रद संजीवन-रस है और मोहग्रस्त समाज का मूर्च्छामोचन रसायन है।

दशम ग्रन्थ : तात्पर्य या उद्देश्य

यद्यपि दशम ग्रन्थ का दसवें गुरु की वाणी के रूप में बराबर सम्मान होता आया है, पर परम्पराक्रम से यह भी माना जाता रहा है कि उसका संकलन या सम्पादन गुरुजी के तिरोधान के बाद हुआ है। गुरुजी अपनी शिष्य-मंडली को अन्याय और अत्याचार के विरुद्ध कसकर प्रहार करने के योग्य बनाना चाहते थे। किसी साम्राज्य की स्थापना उनका उद्देश्य नहीं था। अपने शिष्यों को वे 'धर्मयुद्ध' के लिए प्रस्तुत करना चाहते थे। दशम ग्रन्थ के कृष्णावतार में उन्होंने स्पष्ट रूप से कहा है कि भागवत के दशम स्कन्ध की भाषा उन्होंने किसी और वासना से नहीं की। उनका उद्देश्य कर्मयुद्ध का चाव पैदा करना था।[1] कहा जाता है कि इस उद्देश्य की सिद्धि के लिए उन्होंने लगभग चार वर्ष यमुना के किनारे परवटा में काव्य-रचना की। स्वयं काव्य-रचना करने के सिवा उन्होंने अन्य अनेक कवियों और विद्वानों से भी काव्य-रचना और अनुवाद कराए थे। कहा जाता है कि यह महान् साहित्यिक कार्य, जिसे 'विद्याधर' या 'विद्यासागर' कहा गया है और जो कदाचित् आधुनिक 'इनसाइक्लोपीडिया' का मध्यकालीन रूप था, बहुत ही विशाल था। वजन में वह नौ मन था। लेकिन निरन्तर चलनेवाले युद्धों के कारण यह विश्वकोष नष्ट हो गया। बाद में भाई मनीसिंह ने, जो गुरु गोविन्दसिंहजी के अति निकटवर्ती थे, बड़ी परिश्रम से और बड़ी लगन के साथ गुरुजी की बची-खुची रचनाओं को इस ग्रन्थ के रूप में सम्पादित किया। दशम ग्रन्थ की जो प्रति आजकल प्रचलित है वह भाई मनीसिंह द्वारा संकलित और सम्पादित है। इसकी प्रामाणिकता भाई मनीसिंह का नाम ही है। परन्तु उनकी सावधानी और सतर्कता के होते हुए भी यह सम्भावना तो है ही कि किसी या किन्हीं

1. दसम कथा भागौत की भाषा करी बनाइ।
   अवर वासना नहिं किछु, धर्मजुद्ध के चाइ ॥

और कवियों की रचनाएँ भी इसमें शामिल हो गई हों।

स्वयं दसवें गुरु ने इसका संकलन या सम्पादन किया होता तो इसका क्या रूप होता, रचनाओं को किस क्रम में रखा जाता और अपूर्ण-सी दिखनेवाली रचनाओं की स्थिति क्या होती, यह सब बताना सम्भव नहीं है। ग्रन्थ जैसा है वैसा ही अब विवेच्य है। ग्रन्थ-तात्पर्य-निर्णय के विषय में पुराने मीमांसकों की पटुता सर्वविदित है। इस दार्शनिक सम्प्रदाय का जन्म ही वेदार्थ के निर्णय के लिए हुआ था। इस विषय में जैसा सूक्ष्म विचार इन आचार्यों ने किया है, वैसा संसार के अर्थमीमांसा-शास्त्र में कदाचित् नहीं हुआ। किसी ग्रन्थ का तात्पर्य-निर्णय करने के लिए उन्होंने छह साधन बताए हैं। वे कहते हैं कि किसी वाणी या ग्रन्थ का तात्पर्य-निर्णय करने के लिए निम्नांकित 6 बातों पर विचार करना चाहिए—1. उपक्रम और उपसंहार, 2. अभ्यास, 3. अपूर्वता, 4. फल, 5. अर्थवाद और 6. उपपत्ति। ये 6 बातें इस देश में ग्रन्थ का आशय निर्णय करने के लिए सर्वमान्य बन गई हैं और कहा जाता है कि प्रायः इसी रूप में ये आधुनिक ढंग की अदालती कार्यवाही में भी स्वीकृत हो चुकी हैं। दशम ग्रन्थ की इस दृष्टि से विवेचना अनुपयुक्त नहीं होगी।

1. उपक्रम और उपसंहार : उपक्रम ग्रन्थ का आरम्भ है और उपसंहार उसका अन्त। जब कोई कहना चाहता है तो आरम्भ में कुछ ऐसी बातें कहता है कि किस उद्देश्य की पूर्ति के लिए वह लिखने बैठा है और ग्रन्थ के अन्त में उपसंहार करते हुए बताता है कि इस उद्देश्य की पूर्ति हुई। दो कारणों से दशम ग्रन्थ में इस उपाय के अवलम्बन में कठिनाई हैं। एक तो जैसा कि ऊपर बताया गया है, पूरा ग्रन्थ स्वयं गुरु गोविन्दसिंह द्वारा सम्पादित नहीं है। इसलिए यह कहना कठिन है कि इसका क्रम और रूप जैसा उपलब्ध है, ग्रन्थकार का सम्मत है या नहीं। दूसरे, दशम ग्रन्थ कई रचनाओं का संकलन है, आद्योपान्त अपने-आप में परिसमाप्त एक अखंड ग्रन्थ नहीं है। यदि उपक्रम और उपसंहार की दृष्टि से विचार करना हो तो प्रत्येक रचना पर अलग-अलग विचार होना चाहिए। दोनों ही कठिनाइयाँ वास्तविक और अपरिहार्य हैं।

कुछ लोगों का अनुमान है कि ग्रन्थ के अन्त में कुछ रचनाएँ कदाचित् सुरक्षित रखने की दृष्टि से ही जोड़ दी गई है। इस अनुमान की पृष्टि 'अस्फोटक' कवित्त, सवैये अर्थात् स्फुट कवित्त और सवैये जैसे शीर्षक से होती है जो नाम से ही मुक्तक जान पड़ते हैं। जफरनामा भी

परिशिष्ट-जैसा ही लगता है और उसके साथ ही हकायतें उसी प्रकार के परिशिष्ट-जैसी जान पड़ती हैं। जान पड़ता है कि इन रचनाओं को परिशिष्ट-रूप में सुरक्षित रख लिया गया है। वस्तुतः मूल ग्रन्थ 33 सवैये और खालसा महिमा तक ही सीमित समझा जाना चाहिए। परन्तु यह भी अनुमान ही है और अपने ही अनुमान को प्रामाणिक मानकर विवेचना करने का अधिकार किसी को नहीं मिलना चाहिए।

आरम्भ के 'जापु' और 'अकाल उसतुत' को बहुत-कुछ दृढ़ता के साथ उपक्रम माना जा सकता है। इसका उद्‌देश्य स्पष्ट है। यह रूप-वर्ण-नाम आदि सीमा से परे पर देवता का स्मरण है। यह जाप है। जप नहीं, जाप। जप नामोच्चारण मात्र है। अजपा जाप मानस जप है। प्रत्येक जप किसी निमित्त से होता है। उस निमित्त के अनुरूप ही मन्त्र के देवता का ध्यान किया जाता है। देवता एक ही होता है। साधक जप के समय उसकी उस विशेष शक्ति का ध्यान करता है जो उसके तात्कालिक उद्‌देश्य के अनुरूप होती है। एक ही देवता मोटे तौर पर पाँच पदार्थों की सिद्धि के अनुरूप पृथ्वी, जल, अग्नि, वायु और आकाश, इन पाँच महाभूतों के आश्रय-रूप में कल्पित होता है। तन्त्रशास्त्र में इसे उत्पादित देवता कहते हैं। साधक का काम समाप्त होने पर उत्पादित देवता लुप्त हो जाता है। जप-शास्त्रों में इस बात को बड़े विस्तार से समझाया गया है। मन्त्र का बीज होता है, वह किसी विशेष तत्त्व को केन्द्र करके रचित होता है। किसी विशेष देवता के उद्‌देश्य से, विशेष सिद्धि के लिए विनियोजित होता है। सन्तों ने इस जटिल साधना-पद्धति का इसलिए विरोध किया था कि इसमें मूल तत्त्व को भुलाकर मनसा उत्पादित क्षणिक रूप को चरम मान लेने की प्रवृत्ति को बढ़ावा मिलता है। कबीरदास ने चेतावनी दी थी कि 'हरि सागर जनि बीसरे, छीलर देखि अनन्त' अर्थात् अनन्त छोटे-छोटे जलाशयों को देखकर हरि-रूपी समुद्र को मत भूल जाएँ। इसीलिए तन्त्रशास्त्र में बहु-प्रचलित अजपा जाप को उन्होंने मुख्यता दी थी। अजपा जाप मानस जप है। उसका मन्त्र-देवता-उद्‌देश्य सब एक है। सन्तों ने जिसे सुमिरन कहा है वह वस्तुतः ध्यान का ही परिष्कृत रूप है। दशम ग्रन्थ एक कदम और आगे बढ़कर मन्त्र, जाप और सुमिरन को एक रूप देता है। जो मन्त्र है वही जाप है, वही सुमिरन है। वह आराध्य को सर्वनाम और सर्वरूप घोषित करता है। समस्त निर्गुण सन्तों ने जहाँ उसके दयामय, करुणामय गुणों को स्मरण किया है वहाँ गुरु गोविन्दसिंह ने उनके 'अरिवर अगंज,

हरिनर प्रभंज, खल खंडखियाल' अरिघायल और खल खंडन रत्न को विशेष रूप से ध्यानत्व माना है। निर्गुण-मार्गी इसलिए निर्गुण नहीं हैं कि वे भगवान के दयालुता और रक्षकता आदि गुणों में नहीं विश्वास करते थे, बल्कि इसलिए कि वे उनके गुणमय शरीर या प्रतिमा में विश्वास नहीं करते। गुरु गोविन्दसिंह ने जापु और अकाल उसतुत में भगवान के इन 'पक्के' गुणों की चर्चा की है, पर दूसरों से कुछ अलग हटकर उसके दुष्टदलन रूप पर अधिक बल दिया है। 'अकाल उसतुत' बड़ा ही शक्तिशाली स्तोत्र है। उसमें बार-बार प्रभु के अनाम, अरूप स्वरूप के साथ-साथ सर्वनाम और सर्वरूप स्वरूप की ओर आराधक का ध्यान आकृष्ट किया गया है। भाषा का अविरल प्रवाह साधक के चित्त को एकाग्र करने में विचित्र रूप से सहायक हुआ है। बदलते हुए छन्द उसे सुस्ता-सुस्ताकर आगे बढ़ने की प्रक्रिया से प्रवृत्त करते रहते हैं।

अकाल उसतुति में तथा जापु में भी उपनिषदों की दोनों शैलियों—तद्व्यावृत्ति और अतद्व्यावृत्ति का बहुत सशक्त प्रयोग है। तद्व्यावृत्ति में परात्पर तत्त्व को सारे जाने हुए पदार्थों से भिन्न बताया जाता है और अतद्व्यावृत्ति में समस्त ज्ञात पदार्थों को उसी का रूप बताया जाता है। परन्तु कवि परमात्म शक्ति के 'दुर्जन दल दण्डन, असुर विहण्डन, दुष्ट निकन्दन' तथा 'दानव प्रहारन नकर निवारन अधम उधारण' रूप को नहीं भूलता। नहीं भूलता कहना कम करके कहना हुआ। असल में उसी रूप में वह स्तोत्र का उपसंहार करता है—

डामरू डवंकै, बबर बवंकै, भुजा फरंकै तेजवरं।
लंकुडिया फाधै, आयुध बाँधै, सैन बिमर्दन काल असुरं।

और,

वन तन महीप, जलथल महान्,
जहँ तहँ प्रसोह करुणा निधान।
जग मगत तेज पूरन प्रताप,
अम्बर जमीन जिहि जपत जाय॥

सब मिलाकर यह स्तोत्र सर्वव्यापी सर्वरूप परमात्मा में अखंड विश्वास और उनकी खल-दल-भंजन शक्ति की निष्ठा का अद्भुत उपक्रम है। यह पूरे ग्रन्थ का उद्देश्य बहुत अच्छी तरह स्पष्ट कर देता है। भगवान पर अखंड विश्वास साधन है, खल-दल-भंजन साध्य है, निर्भय कर्मनिष्ठा सिद्धि है। उपक्रम के बारे में हम जितनी दृढ़ता से अनुमान कर सकते हैं उतना

उपसंहार के बारे में नहीं। आखिरी तीन रचनाओं को परिशिष्ट मान लें और 33 सवैया और खालसा महिमा को उपसंहार तो फिर बाह्य आचारों और भेद का निरसन और बाहरी टीमटाम की व्यर्थता के साथ परमात्मा में अखंड विश्वास, नाना भाव की साधनाओं का एक ही चरम लक्ष्य और वृथा लोभ-मोह और भय की तुच्छता ही बार-बार कही गई है।

जो हो, उपक्रम और उपसंहार का विचार हम अनुमान के आधार पर ही कर सकते हैं।

2-4. अभ्यास, अपूर्वता और फल : किसी बात को बार-बार ग्रन्थकार कहे तो उसे अभ्यास कहा जाता है। जिस उद्देश्य से चालित होकर ग्रन्थकार कोई ग्रन्थ लिखता है वह बार-बार किसी-न-किसी बहाने ग्रन्थ में आता रहता है। दो बातें इस ग्रन्थ में बार-बार आती हैं। एक तो कालातीत (अकाल) तत्त्व की खल-दल-गंजिनी, असुर-विखंडिनी शक्ति का पुनः-पुनः स्मरण और दूसरा युद्ध का प्रसंग। चौबीस अवतारों के प्रसंग में ये दोनों बातें प्रचुर मात्रा में आई हैं, 'चंडी चरित' और 'भगवती दीवार' में भी। दशम ग्रन्थ के उपाख्यान निमित्त मात्र हैं। ये विविध पुराणों में वर्णित कथानकों से नहीं मिलते हैं। उन्हें अधिक-से-अधिक मानवीय स्तर पर ले आने का प्रयास किया गया है और रह-रहकर—कभी-कभी अप्रत्याशित रूप से—असुर-निकन्दन, खल-दल-गंजन, शत्रुविहण्डन युद्ध शुरू हो जाते हैं। रामावतार में एक स्थल पर जानकी की कमनीय शोभा का बहुत मोहक वर्णन चल रहा है। राम और सीता एक-दूसरे को तल्लीन होकर देख रहे हैं—

छकै प्रेम दोनों लगे नैन ऐसे। मनो फाँद फाँदे मृगीराज जैसे।
विधं वाक बैनी कंठ देख छीनं। रँगे रंग रामं सुनैन प्रवीनं।

अचानक कवि का ध्यान दूसरी ओर खिंच जाता है। मानो कवि को स्मरण हो आया कि सुन्दरता और मोहकता कवि का मुख्य उद्देश्य नहीं है। अचानक राजा लोग राम पर चढ़ दौड़ते हैं और फिर तो—

भट हुंके धुंके बंकारे
रण बज्जे गज्जे नाकारे।
रण हुल्ल कलोल हुल्लालं
ढह हल्ल ढलंत उच्छालं॥

स्पष्ट ही कवि का उद्देश्य वीरों की भुजाएँ फड़का देना है। मानो कवि सावधान करना चाहता है कि सौन्दर्य के उपभोग का अधिकारी वही

है, जिसकी भुजाओं में अजेय शक्ति हो।

ग्रन्थकार जब कोई ऐसी बात कहता है जो पूर्ववर्ती लोगों ने नहीं कही तो उसका उद्देश्य और भी स्पष्ट हो जाता है। गुरु गोविन्दसिंह से पहले सन्त कवियों की बड़ी समृद्ध परम्परा है। जहाँ तक परात्पर तत्त्व पर अखंड विश्वास, ब्राह्माचरण की धर्मता और शुद्ध पवित्र जीवन के अपनाने का प्रश्न है, गुरुजी ने उन्हीं बातों को कहा है। परन्तु अन्याय के सक्रिय प्रतिरोध, शस्त्र धारण की महिमा पर बल देने और निष्काम भाव से धर्मयुद्ध के लिए प्रेरणा देने के क्षेत्र में गुरुजी अकेले दिखते हैं। यह नहीं कि और सन्तों की रचनाओं में ऐसी बातें खोजी ही नहीं जा सकतीं। खोजने पर कुछ वाणियाँ औरों में भी मिल सकती हैं, पर इतना बल देकर कहना अन्यत्र दुर्लभ है।

सभी सन्त परमात्मा के तीन मुख्य रूपों को किसी-न-किसी प्रकार बताते हैं। ये तीन हैं—अनुग्रह, सौन्दर्य और शक्ति। पर बल तीनों पर समान भाव से नहीं पड़ता। तात्कालिक परिस्थिति और अनुयायियों के अधिकार-भेद से बलाघात बदलता रहा है। गुरु गोविन्दसिंहजी ने अनुग्रह और सौन्दर्य का बहुत मनोहर वर्णन किया, पर जब शक्ति का प्रसंग आता है तो उनकी वाणी अधिक उल्लसित हो उठती है। यही उसकी अपूर्वता है। किसी ग्रन्थ की अपूर्वता का सही निर्णय फल से होता है। इस ग्रन्थ के लिखने का परिणाम क्या हुआ ? परिणाम इतिहास-विदित है। गुरुजी ने सब प्रकार से उपेक्षित, असहाय, भीरु जनता में ऐसी उत्साह-वृत्ति और उमंग पैदा की, ऐसा साहस और निर्भीक भाव उत्पन्न किया, आत्मसम्मान और नवजीवन की ऐसी तरंगें उल्लसित कीं कि इतिहास में उदाहरण खोजना कठिन हो गया है। दशम ग्रन्थ मनुष्य को परमुखापेक्षी, भीरुता, कायरता, पस्तहिम्मती और निराशा से उबारकर पूर्ण गौरवमय आसन पर प्रतिष्ठित करने में पूर्ण सफल हुआ है। इससे बढ़कर उसकी अपूर्वता का क्या सबूत हो सकता है ? उनके लक्ष्यीभूत श्रोता इस प्रतिज्ञा पर खरे उतरे हैं—

जो किछु इच्छा करौं धन की तो चलौ धन देसन देस ते आवै।
औ सब रिद्धिन सिद्धिन पै हमरौ नहिं नेकु हिया ललचावै॥
और सुनौ कछु जोग बिखै कहि कौन इतौ तप के तन तावै।
जूझ मरौं रन में तजि भै तुम तैं प्रभु श्याम इहै वर पावै॥

5-6. अर्थवाद और उपपत्ति : किसी मुख्य बात को पाठक या श्रोता

के चित्त में अच्छी तरह स्थापित कर देने के उद्देश्य से ग्रन्थकार बहुत-सी कथाएँ, स्तुतियाँ, विवरण आदि दिया करते हैं। ये सब ग्रन्थकार के उद्दिष्ट सम्प्रेष्य नहीं होते। जैसे, सती-धर्म की शिक्षा देने के लिए अनेक कथाओं का कहना, जो या तो सती-धर्म के विरुद्ध जानेवाली प्रवृत्तियों की कुत्सा के रूप में या सती-धर्म की मनोवृत्ति की प्रशंसा के लिए कहीं गई हों। ग्रन्थकार का उद्देश्य होगा केवल सती-धर्म के प्रति निष्ठा उत्पन्न करना। बाकी सब गप्प है, अर्थवाद है। दशम ग्रन्थ के उपाख्यान इनके उदाहरण-रूप में रखे जा सकते हैं। इसी प्रकार ग्रन्थकार बार-बार जिस बात की 'इसलिए, अतएव' कहकर स्थापना करता है, उसे उपपत्ति कहते हैं। दशम ग्रन्थ के अर्थवादों को लेकर बहुत शंकाएँ प्रकट की गई हैं, उपपत्ति पर ध्यान ही नहीं दिया गया। उपपत्ति के आलोक में अर्थवाद को देखना सही देखना होगा। संक्षेप में दशम ग्रन्थ का तात्पर्य इस एक सवैये में आ गया है–

धन्य जीउ तेहि को जग में मुख तै हरि चित्त में जुद्ध विचारै।
देह अनित्त न नित्त रहै जस नाव चढ़ै भवसागर तारै॥
धीरज धाम बनाए इहै तन बुद्धि सु दीपक ज्यूँ उजियारै।
ज्ञानहि की बढ़नी मनहु हाथ लै कातरता कुतवार बुहारै॥

दशम ग्रन्थ के कई प्रसंगों में प्रेम का तत्काल प्रचलित रूप में चित्रण मिलता है। सभी वीर-काव्यों में शृंगार वीररस का सहायक चित्रित किया गया है। परन्तु इस सम्पूर्ण ग्रन्थ में मनुष्य के सुकुमार भावों की रक्षा के लिए साहस, शौर्य और निर्भीकता को आवश्यक दिखाया गया है। मनुष्य-जीवन को सन्तुलित रूप से चित्रित किया गया है। यद्यपि काल की सीमा से परे का अकाल-पुरुष सदा एकरस, एकरूप निर्विकार है, फिर भी यह नहीं कहा जा सकता कि यह विभिन्न परिदृश्यमान रूप, या सत्व, रजस और तमस गुणों के प्रसार-विस्तार से स्थापित होनेवाला आभासिक जगत् उसका रूप नहीं है। वह एकरूप होकर भी सर्वरूप है, वह निर्विकार होकर भी विकृतियों का विध्वंसक खंगधार है–

नमो देव देवं मनो खंगधारं
सदा एक रूपं सदा निर्विकारं।
नमो राजसं सातकं तामसेनं
नमो निर्विकारं नमो निर्गु रेणं।

और फिर वहीं निर्विकार–

कहूँ रूप धारे महाराज सोहं,
कहूँ देव के पात के मान मोहं।
कहूँ बीर (वीर) है कै धरै वाण वाणं,
कहूँ भूप है कै बनाए निशानं।

सो, रूप-रूप में विराजमान अरूप तत्त्व चरम लक्ष्य है। पर उसकी प्राप्ति जगत् में व्याप्त अत्याचार और अन्याय की अपेक्षा करके नहीं हो सकती। उसका खंगधारं, वाणवाणं रूप सदा ध्यातव्य है। यही दशम ग्रन्थ का विशेष सम्प्रेषितव्य सन्देश है। यही उसकी समसामयिक धर्मोपदेशों से अपूर्वता भी है। वह धर्म-साधना को व्यक्तिगत जप-तप तक सीमित नहीं रखना चाहता, उसके लिए सामाजिक कर्तव्य अवश्यकरणीय है। सामाजिक कर्तव्यों के यथा देश, यथा काल रूप बदल सकते हैं, पर मूल लक्ष्य अकाल-तत्त्व की आराधना और प्राप्ति ही है। उसका नाम सब कार्यों को सिद्ध करता है—

'जपौ तास नामं, सरै सर्व कामं।'

जैसा कि ऊपर बताया गया है, गुरु गोविन्दसिंह समग्र मानवता के कवि थे। उनकी कविता में ज्ञान, भक्ति, सेवाभाव, वीरधर्म, श्रृंगार, प्रेम, प्रकृति और मानव-सौन्दर्य—सबको स्थान है। वे भक्त भी थे, बादशाह भी थे, वे सन्त भी थे, योद्धा भी थे, वे कवि भी थे, वे मस्तमौला भी थे, परदुःखकातर भी थे। उनका जो व्यक्तित्व इन रचनाओं में प्रतिफलित हुआ है वह शौर्य, औदार्य, शील और सहृदयता का मिलित रूप है। जिस प्रकार लोग उनके सन्त और योद्धा के रूप के बीच सामंजस्य नहीं ढूँढ पाते, उसी प्रकार लोग उनके भक्त और प्रेम रूप में भी सामंजस्य नहीं खोज पाते। वे कविता को पूरी मनुष्यता के उद्बोधन का साधन बनाना चाहते थे। उनका दृढ़ विश्वास था कि प्रेम द्वारा ही प्रभु को प्राप्त किया जा सकता है। यह प्रेम विविध रूपों में प्रकट हो रहा है। दुखियों की रक्षा के लिए खिंची तलवार की धार में वही चमकता रहता है, और विरह-कातरा रमणी के आँसुओं की धार में भी वही दमकता रहता है। सच्चा प्रेम उदात्त मानवीय गुण है। गुरुजी के दरबार में रहनेवाले कवि हंसराज ने ठीक ही कहा था—

चारौ चक्क सेवै गोविन्द तिहारो पाय
मेरे जान आज तु ही दूजो करतार है।
प्रबल प्रचंड-खंड-महिमामंडल महिं
साँचो पातसाह जाको साँचो सिरभार है।

कामना के दान बानिजा की हंसराज कहै,
परम धरम देखै विविध विचार है।
परम उदार पर पीर के हरन हार
कौन जानै कौन भाँति लीनो अवतार है।

गुरुजी की काव्य-साधना भी उनकी प्रभु-भक्ति के समान पवित्र और गम्भीर थी। उन्होंने काव्य-साधना को बड़ी गम्भीरता से अपनाया था। छन्दों के तो वे बादशाह ही हैं। कम कवियों ने इतने विविध और विचित्र छन्दों का प्रयोग किया होगा। वे जिस रूप में आज उपलब्ध हैं उनमें कदाचित् प्रतिलिपि की त्रुटियाँ रह गई हैं और इसीलिए कहीं-कहीं वे त्रुटित-से लगते हैं। पर इसमें कोई सन्देह नहीं कि छन्दों पर उनका अधिकार था। दशम ग्रन्थ के परम्परालब्ध काव्य-रूपों और काव्यार्थों का पूरी तरह उपयोग किया गया है। वीर-काव्य की ध्वनितरंगोत्पादिनी काव्य-धारा का रूप इसमें मिल जाएगा, भक्ति के पदों की परम्परा उसमें पूरी तरह कायम है। भाव और उक्ति-विलास की रीति-परम्परा उसमें जीवन्त रूप में मिलेगी और हिन्दी में प्रायः लुप्त हो गए और तुलसीदास द्वारा तिरस्कृत कहानी, उपाख्यान के रूप भी उसमें मिलेंगे। हिन्दी साहित्य के इतिहास में यह विरल महत्त्व का ग्रन्थ है।

मेकालिफ ने 'सूरज प्रकाश' के साक्ष्य पर बताया है कि गुरुजी किस प्रकार कविता लिखा करते थे। "वे प्रातःकाल बहुत सवेरे उठते, स्नान करते और दूर तक टहलने निकल जाते थे, और निर्बाध एकान्त में बैठकर तीन घंटे तक काव्य-रचना किया करते थे। पहले उन्होंने भागवत के दशम स्कन्ध का अनुवाद कृष्णावतार काव्य लिखा। यह काव्य मुख्यतः उपमा-रूपक अलंकार से अलंकृत करके लिखा गया है। गुरुजी श्रीकृष्ण की लीला, गोपियों के साथ की गई रासलीला और राधारानी के साथ विशेष प्रेम को चित्रित करने में विशेष रूप से आनन्दित होते थे।...बीच-बीच में नदी की बल खाती हुई धारा की शोभा देखते रहते थे और चमकती हुई फेनराशि और नीलधाराओं की सुन्दरता से मुग्ध हो जाया करते थे।" (गुरु गोविन्दसिंह, पृ. 14)। इस विवरण से गुरुजी के कवि-रूप का बड़ा सुन्दर परिचय मिलता है। कृष्णावतार की रचना निःसन्देह बड़े मनोयोग से हुई है। रीतिकालीन साहित्य के उत्तम काव्यों के साथ इसकी अनायास तुलना की जा सकती है, पर जहाँ मनोहर भाव है वहाँ कवि की कला बहुत निखरकर प्रकट हुई है। ऐसा जान पड़ता है कि दशम ग्रन्थ का कवि

सरस सूक्तियों में अधिक रुचि लेता है। कथा कहते समय वह उतना नहीं रमता जितना किसी मार्मिक चित्र के चित्रण में। राधाजी कृष्णजी को देखकर लजाकर झुक जाती हैं। इस मनोहर शोभा को कवि इस प्रकार चित्रित करता है—

हँसि बात कहीं सँग गोपिन के कवि स्याम कहै सिखपान जई।
मनौ आप ही तो बरम्हा सुरची, रुचि सो यह रूप अनूपमई।
हरि को पिखि कै निहुराई गई उपमा तिहि की कही भाख दई।
मनौ जीवन भार सह्यौ न गयो तिहि तै ब्रजभामिनी नीचै भई।

चंडी चरित्र हो, चरित्रोपाख्यान हो, कवि सूक्तियों में रमता है। चरित्रोपाख्यान के एक स्थल पर दो प्रेमियों के मिलने का वर्णन है। दीर्घकाल के विरह के बाद रासालिंगन के कारण रीतिकालीन कवियों के बहुपरिचित व्यापार अनायास घटते हैं। तनी तड़क जाती है, अँगिया दरक जाती है और रत्नाहार बिखर जाते हैं। ये सब चिराचरित बातें हैं, किन्तु इस अवसर पर कवि ने निखरते हुए ज्वलन्त मणि-रत्नों की विरहाग्नि के छिटकते अंगारों से उपमा देकर एक विस्मयजनक आह्लादक चित्र उरेह दिया है—

दोउ जो हँसि बातन संग ढरै ते हुलास विलास बढ़ै सिगरै।
हँसि कंठ लगाई लई ललना गहि गाढ़ै अलंग ते अंक भरे।
तरकी है तनी दरकी अँगियाँ गरमाल ते टूट कै लाल परै।
पिय के मिलए तिय के हिय ते अँगरा विरहागिन के निकरै।

दशम ग्रन्थ समग्र मानवता का उद्‌बोधन संगीत है। वह सांस्कृतिक पुनरुत्थान का सन्देशवाहक है। आज से तीन सौ वर्ष पहले की सामाजिक परिस्थितियों के परिप्रेक्ष्य में उसका मूल्यांकन करना चाहिए। इस देश में ऊँच-नीच का ऐसा जटिल विधान शताब्दियों से स्वीकृत है जिसे बड़े-बड़े महात्माओं के उपदेश हिलाने में असमर्थ रहे हैं। गुरुजी ने इस पर कसके प्रहार किया और शताब्दियों से पद-दलित, उपेक्षित जातियों को बन्धन-मुक्त ही नहीं किया बल्कि उन्हें नई उमंग, नए उल्लास और नए साहस के साथ अन्याय का प्रतिरोध करने योग्य बना दिया है। इतिहास में ऐसा समानान्तर उदाहरण खोजना कठिन है। उस समय के संसार के सबसे प्रबल साम्राज्य के साथ उन्होंने इन्हीं उपेक्षितों के बल पर लोहा लिया। ऊँची जाति के लोग उनका विरोध करते रहे, पर उन्होंने वज्र के समान कठोर होकर उसकी उपेक्षा की। उनकी कविता ने इस सम्बन्ध में अद्‌भुत योग दिया। उन्होंने भारतवर्ष के इतिहास-पुराण और निजन्धरी कथा-साहित्य से चुन-चुनकर

वीर पुरुषों का चरित्र संकलन किया। स्त्रियों को उन दिनों बहुत भयंकर अत्याचार का शिकार होना पड़ता था। गुरुजी ने 'चंडी चरित्र' को उनमें साहस संचार कराने का साधन समझा। इन चरित्रों के प्रेम और शौर्य को उजागर करके रखा। काव्य-ध्वनितरंग उत्पन्न करनेवाली युयुत्सा-प्रबोधिनी काव्य-शैली—जो चारणों को काव्य-प्रचुर मात्रा में उपलब्ध थी—का प्रयोग किया। इस शैली में अर्थ की सूक्ष्म विवेचना का अवकाश नहीं रहता। समान वर्णों की ध्वनि-योजना निरन्तर प्रवाह उत्पन्न करती रहती है और रक्त हिल्लोलित करती है। नगाड़े पर पड़ी चोट के वह समानान्तर चलती है। तलवार की झनकार के साथ उसका अनुप्रास मिलता है। वह गति-प्रधान होती है। अलंकार-शास्त्रियों के इस प्रकार की कविता को 'अवर' घोषित करने के बावजूद संकटकाल में इसी झंकार-मुखर शैली ने देश के आत्म-सम्मान की रक्षा की थी। गुरुजी इस तथ्य को अच्छी तरह जान चुके थे। उन्होंने जमकर इसका उपयोग किया—

ढमक्क ढोल ढालयं नरोल हाल चालयं,
झटाक झट्ट वाहियं सुवीर सैन गाहियं,
नव निसाण वाजियं सुवीर धीर गाजियं
कृपाण वाण वाहही अजात अंग लाहही

और,

छकै लौह छक्कं मुखं मार बक्कं।
मुखं मुच्छ बंक भिरै छाड़ संकं।
हकं हक्क बाजी घिरी सैण साजी।
चिरै चार ढूकै मुखं भार कूकै।
सकै सूर संगै मनौ सिद्ध गंगं।
ढहै ढाल ढक्कं कृपाणं सड़क्कं।
हकं हाक बाजी न चे तुंद ताजी।
रसं रुद्र पागे भिरै रोस जागै।

(वचित्र नाटक)

और,

तुप्पक तड़ाक कैवर कड़ाक
सैहथि सड़ाक छौही छड़ाक।
हुक्कै वकाण धुक्कै निसाण
वाहै तड़ाक झल्लै झड़ाक।

जुज्झै निहंग निहै मलंग
खुल्लै किसार जनु जटाधार।

गुरु गोविन्दसिंह ने किसी सीमित लक्ष्य के लिए संघर्ष नहीं किया। वे अकाल के उपासक थे। अकाल अर्थात् कालातीत। सारा परिदृश्यमान जगत्प्रपंच काल का परिणाम है—ब्रह्मा भी, विष्णु भी, शिव भी, योगी भी, सिद्ध भी, गन्धर्व भी, नाग भी, यक्ष भी, असुर भी। इस काल के परे केवल एक नित्य विराजमान तत्त्व अकाल है—

कालहि पाय भयौ भगवान सु, जागत भा जग जाकी कला है।
कालहि पाय भयौ बरम्हा सिव, कालही पाय भयौ जुगिया है।
कालही पाय सुरासुर गन्ध्रब, जच्छ भुजंग दिसा विदिसा है।
और सुकाल सवै बस काल के, एक ही काल अकाल सदा है।

परन्तु किसी एक के द्वारा इस तत्त्व की उपलब्धि काफी नहीं है। पूरे समाज को इसे उपलब्ध करने का प्रयत्न करना चाहिए। गुरुजी इस तत्त्व की उपलब्धियों के मार्ग वास्तविक जीवन को निरन्तर कर्ममय रखकर इसकी उपलब्धि में विश्वास करते थे। उन्होंने जो रास्ता अपनाया वह सामूहिक प्रयत्न का मार्ग था। उनके संघर्षों ने सिद्ध कर दिया कि सामूहिक रूप से अकाल तत्त्व का आदर्श काल-प्रवाह को मोड़ सकता है। उन्होंने भारतीय इतिहास की धारा ही पलट दी। बड़े सौभाग्य से राष्ट्र को ऐसा लोकनायक मिलता है और बड़े दुर्भाग्य से उसके आदर्शों और प्रेरणाओं को भुला दिया जाता है। भारतवर्ष को दोनों प्राप्त हैं। सौभाग्य से हमें ऐसा नेता मिला था। दुर्भाग्य से हमने उसके आदर्शों को भुला दिया। आज हमें अपने सौभाग्य पर गर्व करने और दुर्भाग्य को मिटा देने का अवसर मिला है।

दशम ग्रन्थ की कुछ मनोहर सूक्तियों के नमूने दिए बिना इसके काव्य-सौन्दर्य की चर्चा अधूरी रहेगी।

श्वेतवसना राधारानी की आदर्श शोभा इस प्रकार बताई गई है—

सन्त धरै सारी व्रिसभान की कुमारी जस ही की
मनौ बारी ऐसी रची है न की दई।
रम्भा उरवसी और सची सुमन्दोदरी पै
ऐसी प्रभा का की जगबीच न कयू भई।
मोतिन के हार गरे हार रुच सो सुचार
कान्ह जू पै चली कविश्याम रस के लई।

सैते साज साज चली साँवरे के प्रीत काज
चाँदनी में राधा मानो चाँदनी सी है गई।

उपमा और उत्प्रेक्षा : विशेषकर उत्प्रेक्षा कवि के प्रिय अलंकार हैं। उत्प्रेक्षण कवि की नई सूझ का कौशल है। सूक्तियों में इन्हीं का चमत्कार है। 'चंडी चरित्र' में चमत्कारी उपमा-उत्प्रेक्षाएँ भरी पड़ी हैं—

दौरि दई अरि के मुख में कट ओठ
दिए जिमु लौह की छैनी।
दाँत गंगा जमुना तन श्याम सु
लोहु बहा मिहि माँह त्रिवेनी।

धाय गदा गहि फोरि कै फौज को
घाव सिवा सिर दैत के मार्‍यो।
शृंग धराधर ऊपर की जनु
कोप परन्दर ब्रज पहार्‍यौ।

देखि चनू महिसासुर की कर चंड कुबंड प्रचंड धर्‍यो है,
दक्षिण बान चलाय घने सर कोलि भयानक जुद्ध कर्‍यौ है।
भैजन भे अरि के तन ते छुटि श्रोण समूह धारन पर्‍यो है,
आठवों सिंधु पचायो हुतो मनौ या रन में विधि ने उगर्‍यो है।
चण्डी कुबंउ ते वाण छुटे इक ते दस-सौ से सहसर वाढ़ै,
लक्षक ह्वै करि जाई सगै तन दैत्यन माझ रहै गढ़ गाढ़ै।
को कवि लाहि सराहि कहै अतिसै उपमा जु भई विन काढ़ै
फागुन पौन के गौन वए जुन पात विहीन रहे तरु डाढ़ै।
श्रोन भरी थहरै कर दैत्य कै को उपमा कवि और विचारै,
पान गुमान सो खाय अघाय मनौ जम आपन जीभ निहारै।
वाहु कटी अधवीच से थुण्ड सी सो उपमा कवि ने बरनी है,
आपस में नलि कै सुमनौं गिरि तैं गिरी सांध की दो घरनी है।

भारतीय धार्मिक साहित्य में दशम ग्रन्थ का स्थान

भक्त और श्रद्धालु जन दशम ग्रन्थ का दसवें गुरु श्री गुरु गोविन्दसिंहजी की कृति के रूप में सम्मान करते हैं। इस ग्रन्थ को समझने के लिए गुरु गोविन्दसिंह को समझना आवश्यक है। गुरुजी पूर्ण पुरुष थे। पूर्ण पुरुष अर्थात् ज्ञान-कर्म-प्रेम-भक्ति का सन्तुलित व्यक्तित्व। उनमें लाखों-करोड़ों को प्रभावित कर सकनेवाली आध्यात्मिक शक्ति तो थी ही, उसके साथ ही हृदय का वह महान् ग्रहणशील धर्म भी था जो हर व्यक्ति के दुःख-सुख, राग-विराग और आशा-आकांक्षा की धड़कन सुन सकता हो और उसे दूसरों के लिए प्रत्यक्ष संवेदन बना सकता हो। वे कवि थे। वे छन्दों के बादशाह थे। वे मानव-संवेदना के महान् चुम्बक थे। उनके कवि-रूप से लोग बहुत कम परिचित हैं। वस्तुतः उनकी अपूर्व सफलता का एक अत्यन्त महत्त्वपूर्ण रहस्य उनका कवि-हृदय था। वे मनुष्य को उसके बाहरी आवरण को भेदकर देख सकते थे। कई बार प्रतिपक्षियों के प्रति भी उन्होंने उसी सहृदयता और दयार्द्रता का व्यवहार किया था जो अपने निकटतम स्वजनों के प्रति किया करते थे। दल, सम्प्रदाय, जाति और उपजाति के द्वारा परिचय देना और प्राप्त करना साधारण लोगों का ढंग है। इन ऊपरी आवरणों के तत्त्व में मनुष्य का एक ही प्रकार का हृदय विद्यमान है। एक ही प्रकार की आशा-आकांक्षाएँ तरंगित हो रही है। यह समझनेवाला कोई कवि-हृदय ही हो सकता है। गुरुजी को ऐसा ही कवि-हृदय प्राप्त था। उनके व्यक्तिगत जीवन में इस प्रकार की पारदर्शिता के अनेक उदाहरण मिलते हैं। वे देश

और काल की सीमाओं का अतिक्रमण कर सकते थे। लेकिन कल्पना के जीवों की रचना करनेवाले कवियों में उनकी गणना नहीं हो सकती। उन्होंने जीवन के अतल गाम्भीर्य में स्थित सौन्दर्य को भी देखा था और उसके ऊपरी सतह पर दिखाई देनेवाली घिनौनी कुरुपता को भी। एक का प्रत्याखान उनकी कलम ने कराया और दूसरे का प्रत्याखान उनकी तलवार ने। वे 'इदं ब्राह्मामिदं क्षात्रं शायादपि शरादपि' के मूर्तिमान रूप थे। वे काल-प्रवाह की उपेक्षा नहीं कर सकते थे, क्योंकि जिस उपादान से वे नव-निर्माण करना चाहते थे वह काल-प्रवाह में बहकर आया था। उसका सारा अस्तित्व उन संस्कारों के ताने-बाने से बना था जो काल-देवता की देन थे। परन्तु साथ ही वे कालातीत सत्य को, अकाल-तत्त्व को सदा अपने सामने रखकर चलनेवाले थे। इसीलिए उनका व्यक्तित्व बहुत सन्तुलित था। उनमें कवि की संवेदना, सहृदय की ग्रहणशीलता, वीर का उत्साह और सन्त की अनाविल दृष्टि का अद्भुत मेल है। उनके साहित्य का अभी सही मूल्यांकन नहीं हुआ। अधिकतर श्रद्धातिरेक तथा अपनी-अपनी मान्यताओं के आरोप का आग्रह और बाह्य रूपगत विश्लेषण ही उसके अध्ययन के नियामक बने रहे हैं। हिन्दी क्षेत्र में तो इतना भी नहीं हुआ। कम ही लोग उनके सन्तुलित व्यक्तित्व की व्याख्या कर सके हैं।

दशम ग्रन्थ के उपाख्यान निमित्त मात्र हैं। वे भिन्न पुराणों में दर्शित कथानकों से नहीं मिलते। कथासूत्र के कुछ क्षीण तन्तु लिए गए हैं, उन्हें अधिक-से-अधिक मानवीय स्तर पर ले आने का प्रयास किया गया है और रह-रहकर—कभी-कभी अप्रत्याशित रूप से—'असुर निकन्दन, खलदल-भंजन शत्रु विहण्डन' युद्ध शुरू हो जाते हैं। रामावतार में एक स्थान पर जानकी की कमनीय शोभा का बहुत मोहक वर्णन चल रहा है। राम और सीता एक-दूसरे को तल्लीन होकर देख रहे हैं—

छकै प्रेम दोनों लगै नैने ऐसे। मनौ फाँद फाँदै मृगीराज जैसे।
विधं वाक बैनी कटं देस छीनं। रँगे रंग रामं नैनं प्रवीकं॥

सामाजिक कर्तव्यों के यथा देश, यथा काल रूप बदल सकते हैं, पर मूल लक्ष्य अकाल-तत्त्व की आराधना और प्राप्ति ही है। उसका नाम सब कार्यों को सिद्ध करता है—जपौ तास नामं सरै सर्व कामं।

और अन्त में

आज पंडितजी की पुस्तक 'सिक्ख गुरुओं का पुण्य स्मरण' प्रकाशित करते मुझे हर्ष और विषाद की अनुभूति एक साथ हो रही है। हर्ष इसलिए कि सिक्ख गुरुओं पर यह पुस्तक लिखने और प्रकाशित कराने की साध पंडितजी के मन में कई सालों से थी, जो आज इसके प्रकाशन के साथ पूरी हुई है, और विषाद इसलिए कि अपनी साध को पूरी होते देखने के लिए पंडितजी हमारे बीच नहीं हैं। पंडितजी की अनेक महत्त्वपूर्ण पुस्तकें राजकमल से प्रकाशित हुई हैं, लेकिन उन्हें लिख लेने के बाद उनके प्रकाशन को लेकर कोई त्वरा मैंने कभी पंडितजी में नहीं देखी। अक्सर ही कोई पुस्तक समाप्त करके एक वैराग्य उनके मन में आ जाता था, कुछ ऐसा भाव कि उन्होंने अपना कर्तव्य पूरा कर दिया, जो लिखा गया है वह अब उनकी नहीं, दूसरों की सम्पत्ति है और उस सम्पत्ति के संरक्षण का कर्तव्य वे निबाहें। 'पुनर्नवा' की पांडुलिपि प्रकाशन के लिए हमारे पास आई, तो उसमें टाइपिंग की अशुद्धियाँ बहुत ज्यादा थीं। उनसे एक बार देख लेने का अनुरोध किया गया तो उन्होंने हँसकर टाल दिया और बोले कि 'मुकुन्द से ठीक करा लेना। उनके पास समय न हो तो आप ही कार्यालय में किसी व्यक्ति से उसे दिखवा लेना।' लेकिन 'सिक्ख गुरुओं का पुण्य स्मरण' के मामले में वे पूरी तरह सतर्क थे, उसकी पांडुलिपि 'टाइप हो जाने पर किसी मित्र से दिखा लेना' चाहते थे, उसके 'मूल पाठों को मिला लेना चाहते थे। बराबर डर रहे थे कि कहीं कुछ अशुद्ध न हो जाए।' यहाँ

तक कि 'छपने के समय दिल्ली में ही रहना चाहते थे, ताकि अन्तिम प्रूफ एक बार स्वयं देख सकें। इस बात के प्रति भी सजग थे कि 'विघ्न बहुत आ रहे हैं,' इसलिए 'जल्दी' सब काम हो जाना चाहिए। लगता है जैसे उन्हें भावी घटना का पूर्वाभास हो गया था, और क्योंकि इस पुस्तक को वे अपने जीवन-काल में प्रकाशित देखना चाहते थे, इसीलिए जल्दी करने का आग्रह कर रहे थे। जल्दी की भी गई, और अन्तिम प्रूफ तैयार होने के समय वे रहे भी दिल्ली में ही, लेकिन वह रहना भी क्या रहना था ! लगता था जैसे अपनी बात पूरी करने के लिए ही वे अन्तिम समय में दिल्ली आन पहुँचे हैं। हम कामना और प्रतीक्षा करते रहे कि वे संज्ञा में आएँ, स्वस्थ हों। लेकिन हमारी प्रतीक्षा अनन्त प्रतीक्षा बनकर रह गई ! आखिर, ज्योतिष के उस आचार्य ने जिन विघ्नों की बात कही थी, उन्हें टालना क्या साधारण मनुष्य के वश की बात हो सकती थी !

इस पुस्तक के प्रकाशन को लेकर जो त्वरा और अतिरिक्त सतर्कता पंडितजी के मन में थी, उससे मैं यही समझ पाई हूँ कि यह पुस्तक उनके लिए पुस्तक से ज्यादा मानवता के इन महान् सन्देशवाहक गुरुओं के प्रति अपनी श्रद्धा निवेदित करने का एक साधन थी, और वे आतुर इसलिए थे कि श्रद्धा-निवेदन का यह अवसर कहीं उनके हाथ से निकल न जाए !

पंडितजी में कितनी विनम्रता और शालीनता थी, विद्या के साथ श्रद्धा को कैसे उन्होंने एकमेक कर दिया था, यह उनकी प्रस्तुत पुस्तक से प्रकट होता है, और साथ ही उनके उस अन्तिम पत्र से भी जो उन्होंने पांडुलिपि हमारे पास भेजते समय मुझे लिखा था। यह पत्र पुस्तक के प्रारम्भ में दी गई मुकुन्दजी की भूमिका में उद्धृत है, और आकार में लघु होते हुए भी पंडितजी के आन्तरिक व्यक्तित्व को उजागर करता है। इस पत्र को पढ़कर मैं सोचती रही कि मध्यकालीन साहित्य का इतना बड़ा विद्वान् अपनी पांडुलिपि 'किसी जानकार से...दिखा लेना चाहता' है, ऐसी आत्यन्तिक विनम्रता आज के युग में कहाँ मिलेगी ! मामूली ज्ञान के स्वामी लेखक भी जहाँ अपनी रचना के बारे में 'भूतो न भविष्यति' का भाव रखते हों, वहाँ द्विवेदीजी सरीखे उद्‌भट विद्वान् अपनी पांडुलिपि को लेकर आशंकित हैं कि 'कहीं कुछ अशुद्ध न हो जाए। मुझे ज्ञान कम है। श्रद्धा ही एकमात्र सम्बल है।'

पंडितजी की यह श्रद्धा-संवलित रचना आज उनकी स्मृति को श्रद्धांजलिस्वरूप प्रस्तुत है।

06.08.1979 **शीला सन्धू**